도망친 곳에 절대 천국은 없습니다

도망친 곳에
절대 천국은 없습니다

Learing wisdom from the Bible

장대은 지음

퍼스트펭귄

당신은 지금 어디에 있습니까?

"젊은이에게는 지식과 분별력을,
지혜로운 이에게는 더 깊은 통찰을,
명철한 이에게는 더 높은 지혜를,
어리석은 이에게는 깨달음의 빛을."

인생을 살아가다 보면 수많은 선택의 순간을 마주
하게 됩니다. 수월하게 넘어갈 때도 있지만 때로는 길을
잃고, 헤매고, 방황하기도 하고, 막다른 골목 앞에 서서

좌절하기도 합니다. 성공을 향해 내달리다가 진정한 삶의 의미를 놓치기도 하고, 저 길 앞에 무엇이 있을지 몰라 무섭고 막막한 마음에 두려움을 갖기도 합니다.

이때 필요한 것이 '지혜'입니다. 지혜는 지식을 쌓는 일이 아닙니다. 인생이라는 긴 여정을 헤쳐나가기 위해 필요한 나침반과도 같지요. 한 치 앞에 무슨 일이 벌어질지 알 수 없는 인생길 위에서 어느 방향으로 나아가야 할지, 언제 멈추고 돌아서야 할지를 알려주기 때문입니다.

인류가 시작된 이후에 가장 많이 읽힌 글이 있습니다. 바로 성경입니다. 성경은 지난 3000여 년 동안 전 세계 사람들이 가장 많이 읽은 글입니다. 불안과 불확실성으로 가득한 이 세상에서 사람들은 답을 찾고 올바른 결정을 내리기 위해 성경을 읽었습니다.

성경은 종교적 테두리를 벗어나 인류 역사를 관통하는 지혜를 담고 있습니다. 단순히 아름답고 비유적인 말이 아니라 시대를 초월해 사람들에게 매우 구체적이고 현실적인 삶의 가르침을 보여주는 게 바로 성경입니다. 성경은 우리에게 정의와 공평, 정직을 어떻게 실행할 것인가를 가르치며, 어리석음에서 벗어나도록 돕습니다. 요셉, 바울 등 고난을 극복한 인물들의 이야기를 통해 어려움을 견디는 힘과 긍정적인 삶의 태도를 배울 수 있습니다. 우둔한 자에게는 지식과 분별력을, 지혜 있는 자에게는 더욱 깊은 통찰을 제공합니다.

이 책은 단순한 성경 해설서가 아닙니다. 인생이라는 길을 절반쯤 걸어온 이들을 위한 인생 안내서입니다. 성경은 정직, 절제, 사랑, 겸손, 용서 등 보편적이고 건강한 삶의 가치를 강조합니다. 더불어 지금까지 걸어온 길을 되돌아보고 앞으로 찾아올 삶의 위기를 지혜롭게 헤쳐나갈 수 있는 조언과 격려가 담겨 있습니다.

때로는 불편한 진실과 마주하게 될 수도 있습니다. 옳다고 믿어왔던 길이 사실은 가시밭길이었고, 어쩌면 힘겹게 걸어온 길을 되돌아 가야 할지도 모릅니다. 그러나 우리는 성경에 담긴 진실된 조언과 지혜로운 통찰을 지팡이 삼아 함께 배우며 성장할 것입니다. 성경 속 이야기를 통해 더 나은 선택을 할 수 있는 힘을 얻을 수 있을 것입니다. 도전에 직면할 때 더 깊이 사고하게 만들고 좌절하고 싶을 때 자신감을 불어넣어 주며 정의롭지 못한 길을 선택하려고 할 때 단호하게 거부할 수 있는 용기를 보여줄 것입니다.

여러분은 지금 어디에 서 있습니까? 혹시 삶에 떠밀려 도망치듯 살아가고 있지 않습니까? 하루하루 다가오는 축제 같은 인생을 숙제하듯 해치우며 살아가고 있지는 않습니까? 기억하세요. 도망쳐서 도착한 그곳은 절대 천국이 될 수 없습니다. 피하고 싶은 현실에 당당히 직면하는 순간, 우리의 삶은 진정으로 성장하고 변화할 수 있습니다.

지금 고개를 돌려 여러분이 살아온 인생의 궤적을

돌아보세요. 발자국이 어느 방향을 향해 있는지 찬찬히 살펴보세요. 타인의 눈을 신경 쓰느라 자신만의 삶을 놓치며 살아오지는 않았나요? 어쩌다 한 번 넘어졌다고 일어설 생각을 하지 않은 채 낙담하며 멈춰 있는 건 아닌가요?

여러분은 잘 살기 위해서 이 세상에 온 소중한 존재입니다. 그리고 여러분에게는 스스로 삶의 목적지를 결정하고 뚜벅뚜벅 걸어나갈 수 있는 강인하고 진실된 힘이 있습니다.

여러분이 지금 어디에 있든, 어떤 어려움에 처해 있든 이 책이 인생의 목적지로 향하는 작은 등불이 되어줄 것입니다. 수천 년 동안 수많은 사람들의 인생길을 비추었던 성경 속 지혜의 빛을 따라 힘차게 발걸음을 내딛어보세요. 오늘의 선택과 결정이 더 현명해지고 더 단단해질 것입니다. 그리고 그렇게 도착한 곳이야말로 우리가 꿈꾸던 진정한 천국일 것입니다.

자, 이제부터 성경 속 이야기를 통해 진정한 나와 마주할 수 있는 여러분의 두 번째 인생 여정을 시작해 봅시다.

차례

1

보암직도 하고 먹음직도 하고 탐스럽기까지 하다

하와가 그 나무를 본즉 먹음직도 하고 보암직도 하며 지혜롭게 할 만큼 탐스럽기도 한 나무인지라 여자가 그 열매를 따 먹고 자기와 함께 있는 남편 아담에게도 주매 그도 먹은지라.

창세기 3장 6절

죄는 생각보다 훨씬 더 매혹적입니다. 우리의 시선을 빼앗고, 마음을 유혹하며, 우리에게 만족을 약속합니다. 에덴동산에서 하와가 바라본 선악과가 바로 그러한 모습이었습니다. 열매는 단순히 먹음직스러워 보였을 뿐만 아니라 지혜를 얻을 수 있다는 달콤한 유혹까지 풍기고 있었습니다.

사탄이 하와에게 다가와 속삭였습니다.

"하나님께서 정말로 이 동산에 있는 모든 나무의 열매를 먹지 말라고 하셨느냐?"

하와는 즉시 대답했습니다.

"아닙니다. 하나님께서는 이 동산에 있는 모든 나무의 열매를 먹어도 되지만 단 하나, 선악을 알게 하는 나무의 열매만은 먹지 말라 하셨습니다. 그것을 먹으면 죽을 것이라고 하셨습니다."

그러나 사탄은 결코 물러서지 않고 하와를 교묘하게 유혹했습니다.

"걱정하지 마라. 결코 죽지 않을 것이다. 그 열매를 먹으면 너희의 눈이 밝아져서 하나님처럼 선과 악을 알게 될 것이라는 사실을 하나님이 아시기 때문에 그렇게 말씀하신 것이다."

하와는 그 나무를 다시 보았습니다. 열매는 처음보다 더욱 탐스럽고 먹음직스러워 보였습니다. 결국 하와는 열매를 따 먹고 말았습니다. 그리고 남편 아담에게도 열매를 건넸고, 아담도 열매를 깨물었습니다.

두 사람의 순간적인 이 선택은 돌이킬 수 없는 결과를 초래했습니다. 둘은 에덴동산에서 쫓겨났고 이로 인해 아담과 하와의 후손인 모든 인간은 선악을 아는 대신 더 이상 에덴에서 낙원과 같은 삶을 누릴 수 없게 되었습니다.

오늘날 우리는 매일 수많은 '선악과'를 마주합니다. 선악과는 곧 유혹이지요. 유혹은 우리의 눈을 사로잡고, 마음을 자극하며, 바른 판단을 방해합니다. 생각해 보세요. 특별한 이유와 목적도 없이 SNS 속 세상을 기웃거리고, 나의 삶을 억지로 포장해 사람들에게 보여줍니다. 그렇게 얻은 '좋아요'의 숫자에 집착하기도 하고요. 물건을 살 때도 마찬가지입니다. "이것만 있으면 더 행복해

질 거야"라는 생각에 사로잡혀 이른바 지름신의 유혹에
무너지고 맙니다.

현대의 '선악과'는 에덴동산 속 그것과 다르지 않습
니다. 우리 주변 가까이를 맴돌며 아름다운 모습을 뽐내
고, 욕망을 자극하며, 즉각적인 만족을 가져다줄 수 있다
고 속삭입니다.

우리는 잊지 말아야 합니다. 유혹은 언제나 아름답
고 매혹적으로 다가온다는 사실을 말입니다. 그리고 그
이면에 감춰진 대가는 결코 가볍지 않다는 것 또한 기억
해야 합니다. 겉으로 보기에 그럴듯해 보일지라도 속은
텅 비어 있는 것들이 많습니다. 그것들은 우리가 원하는
삶의 목표와 전혀 다른 지점으로 우리를 이끌 수도 있
습니다. 치명적인 유혹일수록 그 끝은 파멸로 이어질 수
있다는 걸 알아야 합니다.

유혹을 마주할 때면 항상 신중하고 경계하는 마음을

가져야 합니다. 지금 나의 선택이 어떤 결과로 돌아올지 깊이 생각하고, 순간의 만족과 쾌락을 쫓다가 진실된 가치를 잃지 않도록 조심해야 합니다.

오늘 여러분은 어떤 선택을 하셨습니까? 운명은 선택이 모여 결정됩니다. 유혹 앞에서 잠시 멈추어 설 수 있는 마음의 기둥을 단단히 세우십시오. 그것만이 우리가 원하는 삶의 목적지까지 안전하게 다다를 수 있는 유일한 방법입니다.

—

경계하세요

유혹은 항상 매력적인 모습으로 다가옵니다. 그 이면을 꿰뚫어 볼 수 있는 안목을 키우세요.

2

형통한 날에는 기뻐하고
곤고한 날에는 생각하라

좋은 때에는 기뻐하고, 어려운 때에는 생각하여라.

하나님은 좋은 때도 있게 하시고, 나쁜 때도 있게 하신다.

그러기에 사람은 제 앞일을 알지 못한다.

전도서 7장 14절

인생은 기쁨과 슬픔, 성공과 실패가 끊임없이 교차
하는 여정입니다. 사랑하는 아이가 태어나는 순간, 그 아
이가 첫걸음을 떼고 성장하는 모습을 지켜보는 것은 부

모만이 가질 수 있는 이루 말할 수 없는 기쁨일 테지요. 오랜 시간 노력해 온 목표를 달성했을 때나 학위 취득과 같은 성취도 우리에게 큰 만족을 줍니다. 열심히 일해 높은 지위에 오르거나 부를 거머쥐는 일도 더할 나위 없이 행복한 일이겠지요.

삶을 풍요롭게 만드는 건 커다란 성취들만이 아닙니다. 일상에서 마주하는 작은 기쁨들도 우리의 삶을 빼곡하게 채워줍니다. 아침 햇살 아래에서 즐기는 따뜻한 커피 한 잔, 오랜 친구와의 정겹고 즐거운 대화, 늦은 오후 산책길에서 만난 시원한 바람, 문득 들려오는 좋아하는 노랫소리, 퇴근길 우리를 반겨주는 가족의 다정한 인사 등등. 사소하지만 이러한 순간들이 모여 삶은 더욱 아름다워집니다.

기쁨의 순간들은 삶의 에너지를 충전하고, 우리가 앞으로 나아갈 수 있는 원동력이 됩니다. 그 조각들이 모여 우리의 하루를 더욱 빛나게 하고, 인생이 곧 풍성한 선물이라는 사실을 깨닫게 합니다.

　누구도 원하지 않는 어려움이 우리 삶에 불쑥 찾아올 때도 있습니다. 사소한 오해로 사랑하는 사람과 멀어지기도 하고, 가족이나 친구가 갑작스러운 사고로 세상을 떠나기도 합니다. 예기치 않게 건강이 나빠져 일상이 무너져 내리기도 합니다. 경제적인 어려움도 마찬가지입니다. 직장을 잃거나 사업에 실패하거나 뜻하지 않은 일에 휘말려 큰 손실을 입기도 합니다. 그리고 이런 충격과 아픔은 삶의 모든 부분에 걸쳐 깊고도 뚜렷한 흔적을 남깁니다.

　이러한 어려움은 외부에서만 오는 것이 아니라, 때때로 내부에서도 발생합니다. 인간관계에서 오는 갈등과 배신은 누구에게나 일어날 수 있습니다. 오랜 친구나 동료가 등을 돌리고, 가까웠던 사람들이 갑자기 적으로 변할 때, 우리는 결코 쉽게 치유될 수 없는 상처를 받습니다. 특히 부모와 자식 간의 불화, 형제자매 간의 다툼

은 오랜 세월 동안 쌓은 신뢰와 사랑을 하루아침에 무너
뜨리기도 합니다.

인생의 명암

우리 인생은 희로애락喜怒哀樂으로 점철됩니다. 때로
는 정상에 올라 환희에 젖기도 하고, 때로는 깊은 골짜
기에 빠져 허우적거리기도 합니다. 이러한 기복은 그 누
구도 피할 수 없는 삶의 일부입니다. 중요한 것은 이 모
든 순간이 삶 속 여정임을 받아들이고, 매 순간 충실하
게 의미를 부여하며 성실히 살아가는 태도입니다.

좋은 시기에는 삶의 아름다움을 만끽하고 감사하며
누리십시오. 그렇다고 자만해서는 안 됩니다. 지금 이 행
복이 평생 이어질 것이라 기대해서도 안 됩니다. 영원히
좋을 수만은 없습니다. 분명 어려운 시기는 찾아옵니다.
위기는 순식간에 다가와 우리를 시험하고 어려움에 좌

절하도록 만들 겁니다. 그때 낙담한 채로 삶을 흘려보낼지, 새롭게 도약하는 계기로 만들지는 오로지 우리의 선택에 달려 있습니다.

불현듯 찾아오는 인생의 시련은 통제할 수 없지만, 우리의 반응은 선택할 수 있습니다. 오늘의 성공이 내일의 실패로 이어질 수 있고, 오늘의 좌절이 내일의 기회가 될 수도 있습니다. 그렇기에 기쁨 속에서 겸손을 잃지 않고, 고통 속에서도 희망을 놓지 않는 지혜가 필요합니다. 모든 경험이 우리를 성장시키는 밑거름이 된다는 사실을 기억한다면, 우리는 어떤 시련에서도 의미를 찾고 앞으로 나아갈 수 있을 것입니다.

—

중심을 지키세요

기쁨과 슬픔, 성공과 실패 사이에서 균형을 잡으세요. 현재에 충실하면서도 변화에 유연하게 대처할 수 있어야 합니다.

3

핑계를 버리고
주도적 삶을 살아가는 법

여호와 하나님이 하와에게 이르시되

네가 어찌하여 이렇게 하였느냐.

하와가 이르되 뱀이 나를 꾀므로 내가 먹었나이다.

창세기 3장 13절

죄는 언제나 핑계를 동반합니다. 창세기에 등장하는 선악과 이야기는 이를 명확하게 보여줍니다. 아담과 하와 는 하나님과의 약속을 어긴 뒤 각자 핑계를 대며 책임을 회피하려 했습니다. 아담은 자신의 잘못을 인정하기보다는 "당신께서 저에게 짝지어 주신 여자가 그 나무에서 열매를 따주기에 먹었을 뿐입니다"라고 변명했고, 하와는 "뱀이 나를 꾀므로 내가 먹었습니다"라고 하며 책임을 전가했습니다.

그들의 핑계는 결코 죄를 덮어주지 않았습니다. 오히려 책임을 회피하려는 그들의 태도를 더욱 명확하게 드러냈을 뿐입니다. 핑계는 단지 문제를 피하려는 눈가림일 뿐, 궁극적인 해결책이 될 수 없습니다.

핑계의 DNA

"차가 너무 막혀서 늦었습니다."

"거래처에서 자료가 늦게 와서 보고서를 제때 제출할 수 없었어요."

"당신이 제대로 확인했으면 그럴 일이 없었잖아."

이런 말들 익숙하지 않으신가요? 우리 주위에서 흔히 들을 수 있는 핑계입니다. 아담과 하와가 책임을 회피하려 했듯, 우리도 실패나 실수를 타인의 잘못이나 상황 탓으로 돌리곤 합니다. 창세기의 에덴동산 이야기는 우리 일상에 깊이 뿌리내린 '핑계의 DNA'를 잘 보여줍니다.

핑계를 대면 잠시 마음이 편해질 수 있습니다. 그러나 그것은 일시적인 도피에 불과할 뿐 문제를 해결해 주지 않습니다. 오히려 핑계는 가족과 동료, 주변 사람들의 신뢰를 잃게 하고 관계를 무너뜨립니다. 실수로부터 배우며 더 나은 선택을 할 기회를 놓치게 만들고, 결국 우리의 성장을 방해합니다.

여러분은 주도적인가요?

우리는 '주도적으로 해야 한다'라는 말을 자주 사용

합니다. 그런데 정확히 주도적이라는 게 무엇을 뜻하는 걸까요? 도전을 두려워하지 않고 결정을 실행에 옮기는 추진력, 그리고 결과에 대한 책임감을 지는 것이 주도성의 핵심입니다. 그런데 한번 생각해 보세요. 우리는 얼마나 주도적으로 살아가고 있을까요?

삶은 무수한 실수와 실패로 이루어져 있습니다. 그건 너무나 당연한 일입니다. 그 실수와 실패를 어떻게 배우고 극복하느냐에 따라서 삶의 방향이 결정되니까요. 그런데 혹시 그럴 때마다 아담과 하와의 길을 따라가고 있지는 않은가요? 핑계를 대며 나 자신을 방어하려 하거나 다른 사람의 잘못이라 항변한다면 우리 스스로 성장을 가로막고 주도적인 삶을 살 기회를 놓치게 만드는 것과 같습니다.

이제 그 길에서 벗어나세요. 자신의 선택과 결정에 책임을 지고 그로부터 오는 진정한 주도성을 발휘해야 합니다. 기억하세요. 여러분이 찬란한 순간에 열어젖힌 그 문도 한때는 벽이었다는 사실을 말입니다. 실수와 실패에 좌절하지 않고 자신의 힘으로 성장의 문을 열 수 있는 사람이야말로 미래에서 오는 찬란한 기회를 맞이할 수 있습니다.

이제 당신의 차례입니다. 핑계 대신 책임을 선택하는 사람이 되십시오. 오늘보다 나은 내일을 살아갈 자격 있는 존재가 바로 당신입니다.

—

책임지세요

"제 책임입니다. 어떻게 해결할 수 있을까요?" 이 한마디가 인생을 바꿀 수 있습니다. 책임을 인정하는 순간, 여러분은 문제를 해결할 수 있는 첫걸음을 내딛었으니까요.

4

지혜를 찾는 사람이
진정한 복을 누린다

지혜를 찾는 사람은 복이 있고, 명철을 얻는 사람은 복이 있다.

지혜를 얻는 것이 은을 얻는 것보다 낫고, 황금을 얻는 것보다 더 유익하다.

지혜는 진주보다 더 값지고, 네가 갖고 싶어 하는 그 어떤 것도 이것과 비교할 수 없다.

오른손에는 장수가 있고, 왼손에는 부귀영화가 있다.

지혜의 길은 즐거운 길이요, 그 모든 길에는 평안이

있다.

지혜는, 그것을 얻는 사람에게는 생명의 나무이니 그것
을 붙드는 사람은 복이 있다.

잠언 3장 13~18절

우리는 매일 수많은 결정의 순간을 맞이합니다. 그
속에서 우리는 무엇이 옳은지 고민하게 되지요. 이럴 때
성경에서 말하는 지혜와 명철은 우리를 인도하는 한 줄
기 빛과 같습니다. 잠언 3장 13~18절은 지혜를 구하는
일이 그 어떤 부나 명예보다 값지다는 사실을 명확하게
보여줍니다.

잠언은 지혜를 찾는 사람과 명철을 얻는 사람에게
복이 있다고 말합니다. 여기서 말하는 지혜는 단순한 지
식 그 이상을 의미합니다. 지혜란 삶의 근본적인 원리를
이해하고 올바른 결정을 내릴 수 있게 하는 능력입니다.
지혜는 오랜 경험과 학습, 그리고 깊이 있는 사고를 통
해 얻게 됩니다.

성경은 지혜를 얻는 것이 은이나 황금을 얻는 것보다 훨씬 더 가치 있다고 강조합니다. 금은보화 같은 물질적인 부는 한순간에 사라질 수 있지만 지혜는 그렇지 않습니다. 지혜롭게 생각하는 사람의 삶은 더 즐겁고 평화로우며 풍요롭습니다. 지혜는 우리가 인생의 모든 순간에서 더 나은 선택을 할 수 있게 도와줍니다.

지혜가 주는 삶의 복

잠언에서는 지혜의 오른손에 장수가 있고, 왼손에는 부귀영화가 있다고 이야기합니다. 하지만 여기서 말하는 장수와 부귀영화는 단순히 오래 살고 부자가 되는 것을 의미하지 않습니다. 지혜로운 사람은 삶의 여정에서 평안과 즐거움을 찾을 수 있으며 매 순간 만족하며 살아간다는 뜻입니다.

우리는 어려운 상황에서도 지혜를 통해 균형 잡힌 시각을 유지하고, 장기적인 안목으로 결정을 내릴 수 있습니다. 지혜로운 사람은 결코 불안하거나 두려워하지 않습니다. 또한 지혜는 우리가 다른 사람들과 편안한 관계를 맺고, 삶의 진정한 의미를 발견하는 데 도움을 줍니다. 그래서 지혜로운 사람은 외롭지 않습니다.

그렇다면 우리가 어떻게 지혜를 구할 수 있을까요? 여기 매일 지혜를 얻을 수 있는 다섯 가지 좋은 습관을 소개합니다.

첫째, 학습을 습관화하세요. 매일 책을 읽고 새로운 지식을 쌓으세요. 그저 정보를 습득하는 게 아니라 배운 내용을 깊이 생각하고 삶에 적용해 보세요. 지속적인 학습은 지혜의 기초가 됩니다.

둘째, 경험을 소중히 여기세요. 새로운 도전을 두려워하지 마세요. 성공은 물론 실패도 값진 교훈을 줍니다. 모든 경험에서 배우고 그 교훈을 미래에 활용하세요. 경험은 지혜의 보고입니다.

셋째, 묵상의 시간을 가지세요. 매일 조용히 자신을 돌아보는 시간을 마련하세요. 기도를 통해 하나님의 지혜를 구하는 것도 좋습니다. 묵상은 지혜를 키우는 양분입니다.

넷째, 현명한 이들과 교류하세요. 지혜로운 사람들의 조언을 경청하고 현명한 삶의 방식을 배우세요. 성숙한 관계는 지혜의 통로입니다.

다섯째, 가치관을 재정립하세요. 물질적 성공과 지혜 사이에서 우선순위를 정하세요. 당장의 이익보다 장기적인 성장과 만족을 추구하세요. 매일 스스로에게 "오늘 나는 얼마나 더 지혜로워졌는가?"라고 물어보세요. 올바른 가치관은 지혜의 나침반입니다.

—

나의 하루를 되돌아보세요

매일 밤 나는 오늘 어떤 핑계를 댔는지, 혹은 책임을 다했는지 스스로에게 물어보세요. 그리고 내일은 오늘과 같은 실수를 되풀이하지 않겠다고 다짐하세요. 작은 변화가 쌓여갈 때 위대한 변화가 이루어집니다.

5

언어가 혼잡하면
인생이 혼잡하다

온 땅의 언어가 하나요, 말이 하나였더라.

창세기 11장 1절

창세기를 보면 인류가 하나의 언어로 소통하던 시기가 있었다고 합니다. 그들은 서로를 이해하고, 함께 큰일을 도모하며, 놀라운 성취를 이뤄냈습니다. 시날 평지에 모여 도시를 세우고 하늘에 닿는 바벨탑을 쌓아 이름을 드높이려 했던 그들의 열정은 대단했습니다. 하지만 얼마 후 이들은 자신들의 능력을 과신하며 교만해졌고, 하나님은 이를 인간의 교만과 죄의 시작으로 보았습니다. 그리하여 세상 사람들의 언어를 뒤섞어 놓으셨습니다. 히브리어로 '혼잡'을 의미하는 바벨이란 단어처럼, 언어가 혼잡해지자 사람들은 서로를 이해할 수 없게 되었습니다. 그들이 세우려던 도시는 결국 무너졌으며, 사람들은 온 세상으로 흩어졌습니다.

언어의 혼란이 불러온 것들

언어가 뒤섞이고 서로를 이해하지 못하는 순간 '우리'가 함께 추구하던 계획은 무너질 수밖에 없습니다. 언어가 통일되어 있을 때 사람들은 마음을 모아 큰일을 이뤄낼 수 있었지만, 언어가 혼잡해지자 소통은 단절되고 오해가 쌓였으며 다툼이 잦아졌습니다. 바벨탑을 쌓던 이들의 목표가 결국 무너진 것도 이러한 이유에서입니다.

오늘날 대한민국의 모습을 떠올려볼까요? 한국어라는 같은 언어를 쓰면서도 우리는 종종 서로를 이해하지 못합니다. 연인, 배우자, 자녀, 직장 동료, 친구들 모두 같은 언어를 사용하고 있지만 때로는 마치 서로 전혀 다른 언어를 사용하는 것처럼 답답함을 느끼기도 합니다. 돌이켜 보면 회사에서의 갈등, 가정에서의 불화, 연인 사이의 다툼 등이 소통이 제대로 되지 못해서 생기는 경우가 많습니다. 다시 말해 우리가 일상에서 겪는 모든 문제의 근본에 '언어의 혼잡'이 자리잡고 있다는 뜻이기도 하죠.

바벨탑 이야기는 한낱 전설에 그치지 않습니다. '소통의 시대'라 불리는 2025년을 살아가고 있는 우리에게도 귀한 가르침을 전해줍니다.

진정한 소통의 중요성

바벨탑 이야기는 경고인 동시에 조언이기도 합니다.

바로 '진정한 소통'의 중요성에 대해 이야기하고 있기 때문이죠. 우리의 삶에서 언어는 단순히 의사 전달 수단을 넘어 관계를 형성하고 유지하는 데 핵심적인 역할을 합니다. 따라서 우리는 더 나은 관계를 맺고 혼란을 줄이기 위해 현명한 소통의 기술을 배워야 합니다.

인류가 힘을 합쳐 바벨탑을 쌓아올렸듯 이제 우리도 새로운 탑을 쌓아야 합니다. 이번에는 하늘에 닿는 탑이 아니라 서로의 마음에 닿는 '소통의 탑'입니다. 소통의 탑이 탄탄하면 서로의 말을 귀 기울여 듣고 공감하며, 자신의 생각을 명확하고 차분하게 전달할 수 있습니다.

———

약속을 지키세요

신뢰는 소통의 기초입니다. 말과 행동이 일치해야 합니다. 약속한 것을 반드시 지켜야 신뢰가 쌓입니다.

6

모든 일에는 때가 있다

모든 일에는 다 때가 있다. 세상에서 일어나는 일마다 알맞은 때가 있다.

태어날 때가 있고, 죽을 때가 있다. 심을 때가 있고, 뽑을 때가 있다.

죽일 때가 있고, 살릴 때가 있다. 허물 때가 있고, 세울 때가 있다.

울 때가 있고, 웃을 때가 있다. 통곡할 때가 있고, 기뻐 춤출 때가 있다.

돌을 흩어버릴 때가 있고, 모아들일 때가 있다. 껴안을 때가 있고, 껴안는 것을 삼갈 때가 있다.

찾아 나설 때가 있고, 포기할 때가 있다. 간직할 때가 있고, 버릴 때가 있다.

찢을 때가 있고, 꿰맬 때가 있다. 침묵할 때가 있고, 말할 때가 있다.

사랑할 때가 있고, 미워할 때가 있다. 전쟁을 치를 때가 있고, 평화를 누릴 때가 있다.

전도서 3장 1~8절

인생은 끊임없이 변화하는 다채로운 풍경과도 같습니다. 때로는 눈부신 햇살 아래 만개한 꽃밭처럼 기쁨과 행복으로 가득 차기도 하고, 때로는 거친 폭풍우 속 흔들리는 나무처럼 고난과 시련으로 휘청거리기도 합니다. 성공의 정상에 올라 환희에 취해 있다가도, 실패의 깊은 골짜기로 추락해 좌절감에 빠지기도 합니다. 이처럼 우리의 감정은 삶의 굽이굽이마다 크게 흔들리곤 합니다.

전도서의 이 아름다운 구절들은 인생을 살아가며 겪는 다양한 순간들을 마치 시를 읊듯 섬세하게 그려냅니다. 태어남과 죽음, 심음과 거둠, 울음과 웃음, 사랑과 미움 등 상반된 듯한 순간들이 모두 우리 삶의 일부임을 보여줍니다. 더 나아가 이 모든 것들이 무작위로 일어나는 것이 아니라 각각 적절한 때와 시기가 있다는 깊은 진리를 일깨워줍니다.

이런 사실은 우리에게 큰 위로와 희망을 줍니다. 지금 겪고 있는 어려움도, 누리고 있는 기쁨도 곧 지나갈 것이며, 모든 일이 더 큰 계획 안에서 조화롭게 진행되고 있다는 믿음을 갖게 해주기 때문입니다.

인생의 흐름을 이해하는 지혜

삶은 항상 예측할 수 없는 방향으로 흘러갑니다. 하지만 이 모든 것이 하나의 큰 그림 속에서 조화를 이루고 있다는 사실을 깨닫는다면, 우리는 더 깊은 평안을 누릴 수 있습니다. 태어날 때와 죽을 때, 심을 때와 뽑을 때, 울 때와 웃을 때 등 살아가면서 마주하는 여러 변곡점은 우리에게 성장과 성숙의 기회를 제공합니다. 이를 통해 우리는 더 나은 사람이 될 수 있습니다. 모든 일이 정해진 때에 일어난다는 것을 깨달으면, 불안이나 두려움에서 벗어나 평정심을 가질 수 있습니다.

삶의 다양한 순간들을 이해하고 수용하는 마음가짐은 우리가 인생을 살아가는 데 있어 큰 힘이 됩니다. 균형 있는 삶을 살기 위해서는 각 상황에 맞는 적절한 행동이 필요합니다. 입을 열 때와 침묵할 때, 사랑할 때와 미워할 때를 구분하고 상황에 맞게 대처하는 것이야말로 지혜로운 삶의 자세입니다. 삶의 다양한 순간을 지혜롭게 받아들이기 위해서는 다음과 같은 다섯 가지 마음가짐이 필요합니다.

첫째, 삶의 흐름을 이해하세요. 기쁨과 슬픔, 성공과 실패가 모두 삶의 일부임을 받아들이고, 각 순간이 주는 교훈을 찾으세요.

둘째, 인내심을 기르세요. 어려운 시기가 찾아와도 그것이 영원하지 않다는 것을 기억하세요. 모든 일은 곧 지나간다는 믿음으로 현재를 견디세요.

셋째, 균형을 유지하세요. 일과 휴식, 집중과 여유, 몰입할 때와 거리를 둬야 할 때 등을 지혜롭게 구분하고 실천하세요.

넷째, 적응력을 키우세요. 변화를 두려워하지 말고 새로운 환경에 빠르게 적응하는 법을 배우세요.

다섯째, 긍정적 태도를 유지하세요. 풍랑이 지나가면 새로운 기회가 올 것이라는 긍정적인 마음가짐을 가지세요. 어떤 상황에서도 희망을 잃지 마세요. 희망은 어려운 시기를 이겨내는 힘이 됩니다.

모든 일에는 때가 있습니다. 인생의 흐름을 이해하고 받아들이는 것은 우리 삶을 더욱 조화롭게 만듭니다. 각 순간에 맞는 적절한 행동과 긍정적인 태도로 삶을 살아가세요. 어려움이 찾아와도 곧 지나갈 것을 믿으며, 여유를 잃지 마세요. 하나님께서 주시는 지혜와 인도로 우리의 인생을 더욱 풍요롭게 만들어갑시다. 여러분의 삶이 전도서의 지혜로 가득 차고, 그 안에서 진정한 평안과 기쁨을 얻으시기를 바랍니다.

—

일기를 쓰세요

매일 자신의 감정과 경험을 기록하며, 매 순간을 더 깊이 이해하고 받아들이는 시간을 가지세요. 자신의 내면과 가까워지고, 삶의 흐름을 더 잘 파악할 수 있습니다.

7

믿음의 조상 아브라함도 의심 많은 사람이었다

아브라함이 엎드려 웃으며 마음속으로 이르되 백 세 된 사람이 어찌 자식을 낳을까!

창세기 17장 17절

아브라함은 기독교에서 믿음의 조상으로, 하나님의 약속을 신뢰하고 따랐던 위대한 인물로 알려져 있습니다. 하지만 성경을 들여다보면 이 믿음의 조상도 하나님의 약속을 온전히 믿지 못하는 순간들이 있었습니다. 창세기 17장 17절에서 아브라함은 하나님께서 주시겠다고 약속한 자녀의 탄생을 듣고 웃음을 터뜨리며 의심을 품었습니다. 100세 된 자신과 90세 된 아내 사라가 아이를 가질 수 없을 것이라는 생각은 너무도 당연하고, 누가 보아도 합리적이었습니다.

그러나 그들의 상식과 합리적인 판단은 하나님의 계획 앞에서는 틀렸습니다. 하나님의 약속대로 아브라함은 100세에 아들을 얻게 되었고, 그 아들은 이스라엘 역사에서 중심적인 역할을 하는 인물로 자라났습니다.

의심은 자연스러운 감정, 그러나…

우리라면 어땠을까요? 아브라함과 같은 상황에 처했다면 말입니다. 아마 우리도 그처럼 비웃었을지 모릅니다.

"내가 이 나이에 성공할 수 있을까?"

"새로운 일에 도전해도 될까?"

우리는 종종 현실의 논리와 충돌하는 순간들을 맞이합니다. 이러한 의심은 자연스러운 감정입니다. 그러나 아브라함의 이야기가 보여주듯, 의심을 극복한 자리에 기적이 찾아올 수 있습니다. 아브라함의 의심 뒤에 기적이 찾아왔듯 우리 삶에도 기적은 존재합니다. 다만, 그 기적은 우리의 노력과 믿음이 만나는 지점에서 시작됩니다.

꿈을 꾸고 있나요? 아니면 현실에 안주하고 있나요? 아브라함도 처음에는 의심했습니다. 하지만 그 의심을 넘어 기적을 만들어냈습니다. 그의 의심은 하나님의 신실함을 경험하며 더욱 강한 믿음으로 바뀌었습니다. 우리도 의심을 넘어 새로운 기적을 만들어낼 수 있습니다.

기적을 위한 첫걸음

오늘부터 시작해 보세요. 나이 때문에, 두려움 때문

에, 다른 사람들의 시선 때문에, 경제적인 어려움 때문에 포기했던 그 꿈을 다시 꺼내 할 수 있다고 믿어보세요. 아브라함이 그랬던 것처럼 작은 꿈 하나를 선택하고, 그 것을 향해 한 걸음 내딛어보세요. 그 작은 시작이 여러 분의 인생에서 놀라운 기적을 불러올 수 있습니다. 기적 은 멀리 있지 않습니다. 여러분의 믿음과 행동이 만나는 바로 그 자리에 있습니다. 지금이 바로 그 기적을 향해 당당히 걸어나갈 시간입니다.

—

시작을 두려워하지 마세요
기적은 찾아오기도 하지만, 만들어가는 것이기도 합니다.

8

향수에 빠져 죽은 파리가
악취를 나게 한다

향수에 빠져 죽은 파리가 향수에서 악취가 나게 하듯이,
변변치 않은 적은 일 하나가 지혜를 가리고 명예를 더
럽힌다.

전도서 10장 1절

인생을 살다 보면 종종 작은 실수나 부주의가 예상
치 못한 나쁜 결과를 불러오는 경우를 마주하게 됩니다.
미처 의식하지 못했던 사소해 보이는 행동 하나가 우리

의 평판이나 성과에 큰 영향을 미치기도 하지요.

전도서 10장 1절 말씀은 우리 인생에서 작은 실수 하나가 얼마나 큰 손실로 이어질 수 있는지를 강렬한 비유로 일깨워줍니다. 값비싼 향수병에 작은 파리 한 마리가 빠져 죽은 이야기입니다. 그 작은 파리가 부패하기 시작하면서 향수에서 악취를 나게 만들었고, 결국 향수는 더 이상 사용할 수 없는 지경에 이르고 맙니다.

작은 실수가 불러오는 파급력은 우리가 생각하는 것보다 훨씬 큽니다. 사소한 실수나 잘못된 판단 하나가 우리의 명예를 실추시키고, 애써 쌓아온 노력을 물거품으로 만들 수 있습니다. 연구원의 작은 계산 오류가 전체 연구 결과를 망치거나, 정치인의 부주의한 발언 하나가 그의 정치 생명을 위협할 수도 있습니다. 순간의 분노를 참지 못해 내뱉은 말 한마디가 소중한 인간관계를 망가뜨릴 수 있고, 게으름 때문에 미뤄둔 작은 일 하나가 큰 경제적 손실로 이어질 수 있습니다.

사소한 실수가 불러오는 파국

매 순간 우리는 선택의 기로에 서 있으며, 그 선택들이 모여 우리의 인생을 만듭니다. 지혜와 명예는 하루아침에 완성되는 것이 아닙니다. 매일의 작은 선택과 행동을 통해 점진적으로 쌓아가는 것입니다. 따라서 크고 중요한 결정을 내릴 때뿐만 아니라, 일상적인 대화나 행동에서도 신중을 기해야 합니다. 단순히 실수를 피하기 위함이 아닙니다. 우리의 모든 행동 하나하나가 의미 있고 중요하기 때문입니다.

오늘의 작은 실수 하나가 큰 손실로 이어질 수 있다는 사실을 늘 기억하며, 겸손하고 신중하게 행동해야 합니다. 성공한 사람들은 아무도 신경 쓰지 않았던 사소한 곳에서 커다란 성취를 만들어냅니다. 작은 일에 대한 주의와 성실함은 단순히 실수를 피하는 차원을 넘어 삶의 질을 높이고 더 나은 세상을 만드는 길이 될 수 있습니다.

—

작은 일에 관심을 기울이세요

중요한 일을 할 때는 체크리스트를 만들어 꼼꼼히 확인하세요. 이는 사소한 실수를 예방하고 더 나은 결과를 얻는 데 도움이 됩니다. 세심함은 성공의 열쇠입니다.

9

모든 것이 합력하여
선을 이루는 삶

두려워하지 마십시오. 내가 하나님을 대신하기라도 하겠습니까?

형님들은 나를 해치려고 하였지만, 하나님은 오히려 그것을 선하게 바꾸셔서 오늘과 같이 수많은 사람의 생명을 구원하셨습니다.

창세기 50장 20절

우리가 알거니와 하나님을 사랑하는 자, 곧 그의 뜻대

로 부르심을 입은 자들에게는 모든 것이 합력하여 선을 이루느니라.

로마서 8장 28절

히브리 족장 야곱에게는 네 명의 아내와 열한 명의 아들이 있었습니다. 그중 라헬은 야곱이 가장 사랑한 아내였고, 그녀의 아들 요셉은 아버지의 특별한 사랑을 받았습니다. 그러나 요셉을 향한 부정父情은 의붓형제들에게 질투와 분노를 불러일으켰고, 결국 그들은 요셉을 이집트에 노예로 팔아넘기게 됩니다.

요셉의 이집트 생활은 고난의 연속이었습니다. 억압과 착취 속에서 슬픔과 고통을 겪었고, 억울하게 누명을 써서 감옥에 갇히기까지 했습니다. 그러나 그는 노예로 팔려 온 상황 속에서도 주어진 일에 최선을 다했고, 결국 그 노력은 전화위복의 기회를 만들어냈습니다. 누명을 쓰고 갇힌 감옥에서 만난 왕의 신하를 도운 것이 계기가 되어, 요셉은 이집트의 총리로 임명되었습니다.

몇 년 후, 이집트와 그 주변 나라들에 큰 흉년이 들었습니다. 요셉의 형제들은 식량을 구하기 위해 이집트를 찾아왔고, 그곳에서 총리가 된 요셉과 재회하게 됩니다. 형제들은 과거의 잘못을 떠올리며 두려움에 사로잡혔지만, 요셉은 그들에게 이렇게 말합니다.

"형님들이 나를 이곳에 팔아넘기긴 하였지만 두려워 마세요. 그 일은 하나님이 형님들보다 앞서서 나를 여기에 보내셔서 우리 모든 가족의 목숨을 살려주시려고 그렇게 하신 것입니다."

요셉은 자신이 겪은 모든 고난이 하나님의 뜻 안에서 선을 이루기 위한 과정이었음을 믿었습니다.

고난 속에서 선을 이루는 삶

여러분의 삶은 어떠했나요? 지금까지 살아온 길이 순탄했나요? 아니면 굴곡의 연속이었나요? 많은 경우, 우리의 계획은 뜻대로 되지 않습니다. 목표를 향해 나아가는 과정에서 수많은 사건과 사고를 겪게 됩니다. 요셉의 삶처럼 우리의 인생도 고난과 역경으로 가득할 수 있습니다. 때로는 배신당하고, 부당한 대우를 받고, 예상치 못한 실패를 겪기도 합니다. 그리고 그중에는 우리가 통제할 수 없는 외부적인 요인으로 인해 고통을 감수해야 할 때도 있습니다.

이럴 때 사람들은 어떻게 행동할까요? 가장 쉬운 선택은 원망하는 것입니다. 그러나 원망은 문제를 해결해 주지 않습니다. 요셉은 형제들을 원망하는 대신 현실을 받아들이고, 그 속에서 최선을 다했습니다. 그 결과 그의 고난은 하나님의 계획 안에서 수많은 사람의 생명을 구하는 기회로 바뀌었습니다.

성경은 "우리가 알거니와 하나님을 사랑하는 자, 곧 그의 뜻대로 부르심을 입은 자들에게는 모든 것이 합력하여 선을 이루느니라"라고 이야기합니다. 과거의 아픔을 내려놓고, 현재에 감사하며, 미래를 향해 한 걸음 내딛어보세요. 그 작은 변화가 여러분 인생의 대반전을 만들어낼 수 있습니다. "모든 것이 합력하여 선을 이룬다" 는 말은 단순한 위로가 아닙니다. 그것은 삶의 진리이자 우리가 붙잡아야 할 희망입니다.

여러분의 삶 속에 있는 희로애락, 생사화복의 모든 일들이 합력하여 선을 이루기를 바랍니다. 요셉의 삶처럼, 우리도 각자의 삶 속에서 하나님이 주시는 작은 기적들을 발견하며 여러분의 남은 인생에 놀라운 반전과 기적이 가득하기를 진심으로 기원합니다.

—

실패를 딛고 일어나세요

지나간 일에 대한 후회와 원망은 현재의 당신을 옥죌 뿐입니다. 인생의 여정에서 만나는 모든 순간을 소중히 여기고, 지금 당신이 할 수 있는 일에 최선을 다하세요.

10

거만한 사람을
책망하지 말라

거만한 사람을 책망하지 말아라. 그가 너를 미워할까
두렵다.

지혜로운 사람은 꾸짖어라. 그가 너를 사랑할 것이다.

지혜로운 사람은 훈계를 할수록 더욱 지혜로워지고
의로운 사람은 가르칠수록 학식이 더할 것이다.

잠언 9장 8~9절

성격은 참으로 다양합니다. 한동안 사람들의 성격을

열여섯 가지로 나누는 MBTI라는 도구가 유행하기도 했지요. 우리는 누군가를 만날 때마다 인사말처럼 "MBTI가 뭐예요?"라고 물었고 "저는 ISTJ랑 잘 맞는데" 혹은 "아, 나는 그 유형은 좀 별로인데"라며 상대방의 성격을 구분하고, 판단했습니다.

직장 동료, 친구, 이웃, 심지어 가족 중에서도 우리와 다른 성향을 가진 사람들은 참 많습니다. 우리는 여러 성격을 지닌 사람들과 어울려 살아가고 있지요. 때로는 그들의 행동이나 말이 우리를 불편하게 만들거나 다툼의 원인이 되기도 합니다.

직장 생활을 하다 보면, 회의 중 항상 자신의 의견만을 고집하는 동료가 있습니다. 그의 오만한 태도는 팀워크를 해치고 프로젝트의 진행을 방해합니다. 늦은 밤까지 시끄럽게 음악을 틀어놓거나 층간 소음에 대해 어떤 주의도 기울이지 않는 이웃을 만날 때가 있습니다. 가족 모임에서도 마찬가지입니다. 반갑고 화기애애한 분위기에서 시작된 만남은 항상 남을 깎아내리고 과거의 잘못을 들추며 불평하는 사람으로 인해 엉망진창으로 끝나 버리고 말지요.

이런 상황에서 우리는 대개 두 가지 선택에 직면합니다. 하나는 직접적으로 그들의 행동을 지적하고 개선을 요구하는 것이고, 다른 하나는 그냥 참고 넘어가는 것입니다. 여러분은 그동안 어떤 선택을 해오셨나요? 참고 넘어가는 이들도 있지만 아마도 대부분의 사람들은 그들의 잘못을 지적하고 싶은 충동을 느낄 것입니다. 잠언 9장 8~9절은 바로 이런 상황에 대해 통찰력 있는 조언을 제공하고 있습니다.

"거만한 사람을 책망하지 말아라.
그가 너를 미워할까 두렵다.
지혜로운 사람은 꾸짖어라.
그가 너를 사랑할 것이다."

거만한 사람과 지혜로운 사람의 차이

잠언의 말씀은 단순히 책망을 하지 말라는 것이 아닙니다. 거만한 사람과 지혜로운 사람에 대한 접근 방식이 다르다는 점을 강조하고 있죠.

거만한 사람은 자신의 잘못을 인정하기 어려워합니다. 그들은 합리적인 비판을 공격으로 받아들이고, 이로 인해 오히려 더 방어적이 되거나 적대적인 태도를 보일수 있습니다. 따라서 거만한 사람을 직접적으로 책망하는 것은 오히려 관계를 악화시킬 수 있습니다.

반면, 지혜로운 사람은 비판을 겸허히 받아들이고 성장의 기회로 삼습니다. 그들은 자신의 약점을 인정하고 개선하려는 의지가 있기 때문에 건설적인 비판을 거부하지 않습니다.

거만한 사람을 대하는 것은 분명 쉬운 일이 아닙니다. 그들과 원만한 관계를 이어가기 위해서는 많은 인내와 포용이 필요합니다. 하지만 이는 우리 자신의 성장을 위해서도 중요한 과정입니다. 우리 역시 때로는 거만함에 빠질 수 있음을 인정하고, 겸손한 자세로 타인의 의견을 경청하는 습관을 기르는 것이 필요합니다. 이러한 태도를 일상에서 실천하는 것이야말로 진정한 존중이라고 할 수 있습니다.

거만한 이에게는 인내와 이해를, 지혜로운 이에게는 적절한 조언과 격려로 함께할 수 있다면, 우리의 관계는 더 건강하고 풍요로워질 수 있습니다. 이는 개인 간 갈등을 줄이는 데 그치지 않고, 나와 타인을 이해하고 단단한 신뢰를 쌓을 수 있는 힘이 되어줄 것입니다.

매일 저녁 오늘 하루 누군가에게 거만하게 대하지는 않았는지, 혹은 타인의 조언을 열린 마음으로 받아들였는지 성찰해 보세요. 오늘의 짧은 성찰과 변화의 노력, 작은 실천들이 모여 우리의 삶은 더욱 지혜롭고 풍요로워질 수 있습니다.

―

나부터 돌아보세요

다른 이를 비판하기 전에 자신을 돌아보세요. 우리 모두 때로는
거만해질 수 있습니다. 자신의 태도를 점검하고 개선하려는 노력
이 선행되어야 합니다.

11

약점을 극복하는 방법

모세가 여호와께 아뢰되 주여, 나는 본래 말을 잘 하지
못하는 자니이다.

여호와께서 그에게 이르시되 네 형 아론이 있지 아니하
냐. 내가 그에게 입을 주리라.

출애굽기 4장 10~12절

모세는 이스라엘 민족을 이집트에서 해방시킨 위대
한 지도자로 잘 알려져 있습니다. 하지만 그의 여정은

시작부터 순탄하지 않았습니다. 모세는 자신이 말을 잘 하지 못한다는 약점 때문에 하나님께서 명하신 이스라엘 백성을 이끄는 사명에 주저했습니다. 그는 자신의 부족함을 인식했고, 그로 인해 이 중요한 임무를 수행할 수 있을지 두려워했습니다. 그러나 하나님은 그의 약점을 잘 알고 계셨고, 이를 보완하기 위해 모세의 형 아론을 그와 함께 세우셨습니다. 아론은 뛰어난 말재주와 소통 능력을 갖추고 있었기에, 모세의 대변인으로서 그의 말을 대신 전달하는 역할을 맡았습니다. 아론은 충실히 모세를 도와 협력했고, 모세는 이스라엘 백성의 출애굽을 성공적으로 이끌 수 있었습니다.

약점을 극복하는 지혜

누구에게나 약점이 있습니다. 새로운 일에 도전하고 싶지만 자신의 부족함이 크게 느껴져 주저하는 것은 자연스러운 현상입니다. 이때 중요한 것은 나의 모든 단점을 장점으로 바꾸기 위해 애쓰는 일만이 우리가 할 수 있는 최선이 아님을 아는 것입니다. 단점을 보완하는 노력이 필요할 때도 있지만 부족함을 인정하고 도움을 요청하는 것이 더 현명한 선택일 수 있습니다.

모세는 "저는 말을 잘 못합니다"라고 말했습니다. 그것은 모세가 하나님의 명령을 혼자 감당하려 했음을 알려주는 고백이기도 합니다. 그러한 모세에게 하나님은 "네 형 아론이 있지 않느냐?"라고 말씀하셨고 모세와 아론의 협력을 통해 출애굽의 사명을 감당하게 하셨습니다.

우리는 직장이나 가정, 또는 사회적 관계에서 다양한 역할을 맡습니다. 이때 자신의 약점을 지나치게 의식하면 장점조차도 발휘할 기회를 잃게 됩니다. 이 세상의 모든 성취는 개인적 노력과 더불어 자신의 약점을 보완해 줄 사람들과의 협력을 통해 이루어가는 것임을 알아야 합니다.

약점을 극복하는 최선의 방법 중 하나는 다른 사람의 강점을 활용하여 협력하는 것입니다. 각자의 역할을 분담하고 서로의 강점을 최대한 살리는 것이 중요합니다. 소통과 배려, 협력과 존중이 필요한 현대 사회에서는 이 원칙이 더욱 중요합니다.

기억하십시오. 약점은 누구에게나 있습니다. 중요한 것은 자신의 약점을 두려워하기보다 그것을 인정하고 협력을 통해 극복하는 일입니다. 자신의 단점을 인정하는 것은 스스로를 더 잘 이해하고, 필요한 도움을 찾는 첫걸음입니다. 모세가 자신의 약점을 인정했듯이, 우리도 솔직해질 필요가 있습니다. 모든 걸 다 잘하는 사람은 없기에 우리는 함께 살아가는 것입니다. 혼자 고민하지 말고 주변을 둘러보세요. 도움을 요청하는 것을 주저하지 마세요. 약점을 극복하는 데 있어 중요한 것은 필요한 도움을 받는 것입니다. 서로 협력할 때, 우리는 모두 한층 더 성숙한 존재로 거듭날 수 있습니다.

—

도움을 청하세요

모세처럼 주어진 사명을 완수하기 위해 도움을 구하세요. 여러분
을 도와줄 '아론'이 어디엔가 있을 겁니다.

12

피보다 진한
친구 관계

친구가 많으면 피해를 보는 경우도 있으나 그중에는 형제보다 더 친한 친구도 있다.

잠언 18장 24절

네 친구나 네 아버지의 친구를 저버리지 말며 네가 어려움을 당할 때 네 형제의 집을 찾아가지 말아라. 가까운 이웃은 먼 형제보다 낫다.

잠언 27장 10절

'피는 물보다 진하다'라는 말 아시지요? 가족 관계의 중요성을 강조하는 말로 종종 쓰이는데요. 하지만 인생을 살아가면서 우리는 때때로 피보다 더 진한 관계를 경험하게 됩니다. 바로 뜻을 함께하는 친구 사이입니다.

인간관계의 폭을 넓히는 시기인 2~30대를 지나 40대에 접어들면 진정으로 뜻을 함께하는 친구가 있는지 한번쯤 돌아보게 됩니다. 혈기왕성할 때는 웃고 떠들며 시간을 함께 보내는 친구가 좋은 친구인 것 같지만 나이가 들어갈수록 삶을 대하는 태도와 가치관이 일치하는 친구가 더욱 소중하게 느껴집니다. 독립된 성인으로 살아가는 이들에게는 가족을 넘어 일과 사명, 꿈과 비전에 대해 더 깊은 이해와 공감을 나눌 수 있는 친구 관계가 반드시 필요하기 때문입니다.

우리는 살아가면서 일, 인간관계, 돈, 죽음 등에 대해 다양한 고민을 하게 됩니다. 그때 서로를 이해하고 공감하며 성장을 지지해 줄 수 있는 친구 혹은 동료를 옆에 두고 살아가는 사람은 아무리 힘들고 어려운 시기라도 현명하게 넘길 수 있습니다. 그리고 그 이후의 삶을 디자인하는 데 있어서도 더욱 자신감 있게 행동할 수 있습니다.

같은 목표와 가치관을 공유하는 사람들과의 관계는 단순한 우정을 넘어서곤 합니다. 때로는 가족보다도 더 깊은 유대감을 형성할 수 있는데요. 같은 업계에서 일하는 동료, 비슷한 인생 경험을 가진 이웃, 공통의 관심사를 공유하는 지인들과의 관계가 이에 해당할 수 있습니다. 이러한 관계는 우리의 삶에 새로운 활력과 에너지를 불어넣어 줍니다. 같은 목표를 향해 함께 노력하고, 서로를 격려하며, 힘든 시기에 서로 의지가 되어주는 관계는 우리의 성장과 발전에 핵심적인 역할을 하지요.

삶에서 직면하게 되는 진로, 결혼, 출산, 이직 등 다양한 문제 앞에서 함께 고민하고 해결책을 모색할 수 있는 친구의 존재는 그 무엇으로도 대체될 수 없는 소중한 관계입니다. 함께 꿈을 꾸고, 서로를 지지하며, 같은 방향을 바라보는 사람들과의 관계는 우리 삶을 더욱 풍요롭게 만들어줍니다. 이러한 관계는 단순한 정서적 지지를 넘어, 실질적인 삶의 질 향상으로 이어질 수 있습니다.

지금 당신의 주변을 둘러보세요. 진정한 친구, 뜻을 함께하는 동반자가 있나요? 만약 그런 사람이 없다면 지금부터라도 의미 있는 관계를 맺기 위해 노력해야 합니다. 공통된 가치관과 목표를 가진 사람을 찾아 시간과 노력을 투자하세요. 꾸준히 소통하고 관찰하며 서로에게 관심을 기울여야 합니다.

다시 강조하지만 서로의 성장을 격려하고 지지할 수 있는 관계를 만들어가는 것은 쉽지 않은 과제입니다. 이를 위해 나는 무엇을 포기할 수 있는가에 대해서도 생각해 볼 필요가 있습니다. 모든 것을 다 가지려 하는 욕심 때문에 가장 소중한 사람을 잃을 수도 있기 때문이죠. 여러분의 삶에서 우선순위를 정한 뒤 소중하고 중요한 것을 실천하기 위해 필요한 존재는 누구인지, 나 또한 누군가에게 그런 사람이 되고 있는지 꼭 돌아보시기 바랍니다.

—

귀한 인연을 찾으세요

진정한 우정은 좋을 때뿐만 아니라 힘들 때도 함께합니다. 나의 도움을 필요로 하는 사람이 있는지 주위를 둘러보세요. 어려울 때 맺은 관계일수록 더 강하고 단단한 힘을 발휘합니다.

13

지식을 간직하는 입과
멸망을 재촉하는 입

눈을 흘기면 고난이 생기고, 입을 어리석게 놀리는 사람은 멸망한다.

의인의 입은 생명의 샘이지만, 악인의 입은 독을 머금고 있다.

미움은 다툼을 일으키지만, 사랑은 모든 허물을 덮어준다.

명철한 사람의 입술에는 지혜가 있지만, 지혜가 없는 사람의 등에는 매가 떨어진다.

지혜로운 사람은 지식을 간직하지만, 미련한 사람의 입

은 멸망을 재촉한다.

잠언 10장 10~14절

우리는 매일 수많은 대화를 나눕니다. 아침에 일어나 가족과 나누는 인사로 시작해, 직장에서 동료들과의 대화, 친구들과의 수다, 그리고 잠들기 전 가족들과의 대화까지 우리의 하루는 '말'로 가득 차 있습니다. 그리고 이런 말들이 모여 관계를 형성하고 더 나아가 삶의 질까지 결정짓지요.

하지만 우리는 종종 말의 중요성을 간과합니다. 깊이 생각하지 않은 채 입을 열 때가 많습니다. 너무 자주, 너무 쉽게 할 수 있는 일이기 때문일지도 모릅니다. 하지만 우리는 알고 있습니다. 무심코 던진 나의 말 한마디가 누군가에게 깊은 상처를 줄 수 있고, 반대로 따뜻한 격려의 말 한마디가 누군가의 인생을 바꿀 수도 있음을 말입니다. 우리가 말을 할 때 신중해야 하는 이유입니다.

"너는 대체 무슨 생각으로 일하는 거니? 여러 사람 괴롭히지 말고 어서 다른 일 알아봐." 직장에서 상사의 무심한 비난이 직원의 자존감을 떨어뜨리고, 업무 효율을 저하시킬 수 있습니다. "와, 우리 지연이는 벚꽃을 별이라고 표현했구나! 시인 같은데!" 교사의 따뜻한 격려 한마디는 아이들의 잠재력을 끌어내고 미래를 밝게 만들 수도 있지만 "네가 그러면 그렇지. 넌 정말 구제불능이구나!"와 같은 날선 말은 아이를 영원히 헤어날 수 없는 깊은 좌절에 빠지게 만들 수도 있습니다. 우리가 말을 조심해야 하는 이유가 바로 이 때문입니다. 성경 잠언 10장 10~14절은 말의 힘과 그 영향력에 대해 다음과 같이 이야기합니다.

"눈을 흘기면 고난이 생기고, 입을 어리석게 놀리는 사람은 멸망한다.
지혜로운 사람은 지식을 간직하지만, 미련한 사람의 입은 멸망을 재촉한다."

말의 힘과 책임

말이란 긍정적인 영향을 미칠 수도 있지만, 잘못 사용하면 큰 피해를 초래할 수 있습니다. 눈을 흘기며 다른 사람을 비난하거나, 무심코 내뱉은 어리석은 말 한마디가 갈등을 일으키기도 하지요. 의로운 사람의 말은 생명의 샘처럼 주변에 긍정적인 에너지를 퍼뜨리지만, 악인의 말은 독을 머금고 있어 사람들을 상처 입히고 파괴합니다.

서로 사랑하는 사람들의 관계가 한순간에 깨어지는 경우를 보곤 합니다. 문제가 쌓이고 쌓여 벌어진 일들도 있겠지만 대부분 사소한 말 한마디에서 시작되는 일이 많습니다. 그 한마디를 참지 못해, 그리고 실수를 사과하지 못해 결국 돌이킬 수 없는 파국에 이르게 되지요.

지혜로운 사람은 말의 중요성을 누구보다 잘 알고 있습니다. 그래서 말 한마디도 신중하게 선택합니다. 그리고 혹시라도 잘못된 말을 했을 경우에는 실수를 인정하고 회복하기 위해 노력합니다.

우리는 항상 신중하고 또 신중하게, 그리고 지혜롭고 또 지혜롭게 말을 사용해야 합니다. 이 단순한 원리가 우리 삶에 적용되어 갈 때 우리는 자신의 삶을 풍요롭게 만들 뿐만 아니라, 주변 사람들의 삶도 긍정적으로 변화시킬 수 있습니다. 말의 힘을 인식하고 올바르게 사용하는 것, 그것이 바로 우리가 추구해야 할 진정한 지혜입니다.

—

말을 하는 것만큼 듣는 것도 중요합니다

상대방의 말을 진심으로 경청하고 이해하려 노력할 때, 우리의 대화는 더욱 깊고 풍성해집니다. 미움이나 부정적인 말보다는 사랑과 배려를 담은 말을 통해, 주변 사람들과의 관계를 더욱 긍정적으로 이끌어 나가세요.

14

짐은 나누어 져야 한다

모세는 백성의 송사를 다루려고 자리에 앉고, 백성은
아침부터 저녁까지 모세 곁에 서 있었다. 모세의 장인
은 모세가 백성을 다스리는 이 일을 모두 보고, 이렇게
말하였다.

"자네는 백성의 일을 어찌하여 이렇게 처리하는가? 어
찌하여 아침부터 저녁까지 백성을 모두 자네 곁에 세워
두고 자네 혼자만 앉아서 일을 처리하는가? 자네가 하
는 일이 그리 옳지 못하네. 이렇게 하다가는 자네뿐만

아니라 자네와 함께 있는 이 백성도 지치고 말 걸세. 이 일은 자네에게 너무 힘겨운 일이어서, 자네 혼자서는 할 수 없네."

출애굽기 18장 13~14절, 17~18절

구약성경 출애굽기 18장은 이집트를 탈출한 이스라엘 백성을 이끄는 모세의 이야기를 다루고 있습니다. 모세는 백성들의 문제를 해결하고 송사를 다루느라 하루 종일 고된 시간을 보내고 있었습니다. 그는 지도자로서 백성들을 위해 최선을 다해 일하고 있었지만, 백성들의 문제를 모두 해결해 줄 수는 없었습니다. 모세는 업무로 지쳐갔고 백성 역시 아무것도 나아지는 게 없어 힘들어했습니다.

그의 장인 이드로는 모세의 이 모습을 보고 충고합니다.

"이 일을 자네 혼자서는 할 수 없네. 너무 버겁고 힘든 일이거든."

이드로는 모든 일을 혼자 감당하려는 모세의 태도가

옳지 않다고 지적하며, 짐을 나누어 져야 한다고 조언합니다.

이드로의 충고는 일 처리에 대한 조언을 넘어 리더십의 본질을 이야기하고 있습니다. 이드로는 모세에게 능력 있고 신뢰할 수 있는 사람들을 세워 그들이 백성의 작은 사건들을 재판하게 하고, 모세는 중요한 사건만 직접 다루도록 제안했습니다. 모세는 이 조언을 받아들여 자신이 감당해야 할 짐을 효율적으로 분담했습니다. 이로 인해 모세는 부담을 줄이고 더욱 중요한 일들에 집중할 수 있었으며, 백성들도 더 효율적이고 신속한 재판을 받을 수 있게 되었습니다.

함께 짐을 나누는 지혜

우리도 종종 모든 일을 혼자 해결하려고 합니다. 가정에서, 직장에서, 또는 사회적 관계에서 우리는 완벽한 부모, 배우자, 동료가 되려고 애씁니다. 하지만 이러한 태도는 우리를 지치게 하고, 효율성도 떨어뜨립니다. 의도치 않게 주변 사람들의 성장 기회를 빼앗는 결과를 낳기도 합니다. 모세도 처음에는 모든 일을 혼자서 해결하려 했지만, 이드로의 충고를 통해 자신의 한계를 깨닫고 도움을 받음으로써 더 큰 성과를 이룰 수 있었습니다.

이는 사업을 운영할 때도 마찬가지입니다. 자영업은 혼자서도 시작할 수 있습니다. 1인 기업은 의사결정과 실행이 빠릅니다. 그러나 사업이 번창해 갈 때 처음처럼 해서는 곤란합니다. 회사는 업무를 나누고 역할을 분담해야 효과적입니다. 초기에는 혼자 모든 일을 처리하는 것이 효율적일 수 있지만, 사업이 성장함에도 모세처럼 모든 일을 혼자 감당하려 하면 번 아웃(burnout)에 이를 수 있습니다. 지혜로운 사업가는 적절한 시기에 업무를 분담하고, 신뢰할 수 있는 직원들에게 책임을 위임하는 법을 배웁니다. 이를 통해 사업주는 더 중요한 전략적 결정에 집중할 수 있고, 사업체는 더욱 효율적으로 운영

될 수 있습니다. 결국 짐을 나누는 것은 개인의 성장뿐만 아니라 사업의 지속적인 성장과 발전을 위해서도 필수적인 요소입니다.

짐을 나누는 법을 배우기

우리 모두는 제한된 자원을 가지고 있으며, 모든 것을 혼자서 감당할 수 없습니다. 중요한 것은 자신의 능력을 정확히 파악하고, 적절히 역할을 분담하는 것입니다. 짐을 나누는 것은 단지 업무의 효율성을 높이는 것만이 아니라, 서로 신뢰를 쌓고 삶을 더욱 풍요롭게 하는 과정입니다. 이드로의 조언을 받아들인 모세는 자신의 부담을 줄였을 뿐 아니라 더 큰 목표를 이루기 위한 기반을 다졌습니다. 이러한 협력의 자세는 개인의 성장을 돕고 공동체의 발전을 촉진한다는 사실을 잊지 말아야 합니다.

—

협력의 기쁨을 누리세요

여러분 주변에는 여러분도 미처 알지 못하는 재능을 가진 사람들이 많습니다. 그들을 찾아 그 능력을 신뢰하고 활용하세요. 함께 하는 성취는 혼자서 이룰 때보다 더 큰 기쁨과 만족을 줍니다.

15

정직과 공정,
더 나은 세상을 위한 선택

너희는 도둑질하지 말고 속이지 말며 거짓말하지 말아라.

품꾼의 삯은 그날로 지불하고 하룻밤을 넘기지 말라.

재판할 때에나, 길이나 무게나 양을 잴 때에, 잘못을 저지르지 않도록 하여라.

너희는 바른 저울과 바른 추와 공평한 도량형기를 사용해야 한다.

레위기 19장 11절, 13절, 35~36절

인생은 선택의 연속입니다. 아침에 일어나기 전 밥을 포기하고 달콤한 잠을 10분 더 청할지, 저 앞에 서 있는 버스를 타기 위해 뛸지 말지, 상사가 시킨 보고서 작성을 지금 할지 내일로 미룰지, 점심에는 햄버거를 먹을지 비빔밥을 먹을지 등등 하루 동안에도 끊임없이 결정을 내립니다. 사실 이러한 일상적인 선택 중 대부분은 순간의 욕구에 따라 이루어지지만 우리의 가치관과 윤리의식, 삶의 우선순위를 시험하는 중요한 선택들도 있습니다.

여러분은 길을 걷다 누군가가 떨어뜨린 돈이나 지갑을 발견한 적이 있으신가요? 이럴 때 어떻게 하시나요? '내가 주운 거니까 내 것'이라고 생각하고 슬쩍 가져가시나요? 아니면 잃어버린 사람이 다시 찾아갈 수 있도록 잘 보이는 곳에 다시 두거나 근처 파출소나 경찰서에 맡기시나요?

가게에서 물건을 사고 거스름돈을 받았는데 점원이

실수로 더 많이 거슬러 준 경험, 있으신가요? 그럴 때 여러분은 어떻게 하셨나요?

직장에서도 비슷한 일들이 발생합니다. 상사가 부하 직원의 공로를 가로채는 것을 목격했다면 어떻게 대응하시겠습니까? 회사의 이익을 위해 고객에게 거짓말을 해야 하는 상황이 온다면 어떻게 해야 할까요? 일상이든 공무든 시시때때로 마주치는 선택의 상황 속에서 우리의 정직성은 종종 시험대에 오르곤 합니다.

세상은 우리가 기대하는 대로 돌아가지 않을 때가 많습니다. 매일 뉴스에서 반복되는 부정과 불공정의 사례를 보면서 "어쩌다 세상이 이 지경이 되었을까?"라는 한탄을 하고 있진 않으신가요? 슬프게도 이 같은 문제는 비단 오늘날에만 벌어지는 사건이 아닙니다. 인류 역사 속에서 끊임없이 반복되어 온 오래된 숙제와도 같은 일이지요.

정직과 공정함의 실천

성경은 강조합니다. "너희는 도둑질하지 말고 속이지 말며 거짓말하지 말아라." 레위기의 이 구절이 강조하는 정직과 공정은 도덕적 명령을 넘어 건강한 사회를 이루는 근본적인 토대이며, 서로를 존중하는 삶을 위한 필수 조건입니다.

"품꾼의 삯은 그날로 지불하라"는 말씀도 마찬가지입니다. 정당한 대가를 지불하는 것은 단순한 경제적 거래가 아니라 사람에 대한 존중의 표현입니다. 뉴스에서 이주 노동자들이 부당한 처우를 받고 일하는 소식을 접할 때가 있습니다. '어떻게 저럴 수 있지?' 하고 탄식하지만 그러한 일들은 저 멀리 뉴스 속에서만 벌어지는 게 아닙니다. 우리의 일상 속, 나의 주변에서 부지불식간에 행해지고 있는 일들입니다.

작은 불공정함이 모이면 사회 전체에 큰 불평등이

자리 잡게 됩니다. 유혹은 달콤하고, 때로는 스스로를 합리화하는 핑곗거리를 찾기도 합니다. '나 하나쯤이야'라는 생각은 우리의 부정직, 부도덕을 부추깁니다. 이것이 바로 우리 사회를 병들게 하는 근본 원인이 될 수 있습니다.

더 나은 세상을 위한 우리의 선택

편리함을 쫓다 보면 불공정함을 눈감아 버리기도 하고 자신에게 이득이 되는 길을 택하다 보면 정직함을 저버리게 될 수도 있습니다. 그러나 우리는 이 순간들이야말로 우리 삶을 변화시킬 기회라는 사실을 기억해야 합니다. 우리 사회를 병들게 하는 '나 하나쯤이야'라는 생각을 거부하고 '내가 먼저 실천한다'는 다짐으로 일상에서 정직과 공정함을 선택해야 합니다.

정직과 공정을 실천하는 삶은 단순히 개인의 성품을

드높이는 일이 아닙니다. 더 나은 세상을 만들기 위해 우리 모두가 실천해야 하는 과제입니다. 사사로운 유혹 앞에 굴복하지 마세요. 우리 스스로 정직과 공정을 지키며 사는 일이야말로 더 나은 세상을 만드는 첫걸음이 될 것입니다.

—

공정한 판단을 하는 연습을 하세요

일상에서 모든 사람의 의견을 공평하게 듣고 판단하는 습관을 길러야 합니다. 자녀들이 다투거나 친구들이 서로 자신의 입장에서 이야기할 때 어떤 것이 공정하고 정의로운 일인지 곰곰이 생각해보세요. 공정한 판단은 신뢰의 기초가 됩니다.

16

보증을 선 자여!
어서 벗어나서 너 자신을 구하라!

아이들아, 네가 이웃을 도우려고 담보를 서거나 남의 딱한 사정을 듣고 보증을 선다면, 네가 한 그 말에 네가 걸려들고, 네가 한 그 말에 네가 잡힌다.

아이들아, 네가 너의 이웃의 손에 잡힌 것이니, 어서 그에게 가서 풀어달라고 겸손히 간청하여라.

너는 이렇게 하여 자신을 구하여라. 잠을 자지도 말고, 졸지도 말고, 노루가 사냥꾼의 손에서 벗어나듯, 새가 새 잡는 사람의 손에서 벗어나듯, 어서 벗어나서 너 자신을 구하여라.

잠언 6장 1~5절

지혜 없는 사람은 서약을 함부로 하고, 이웃의 빚 보증을 잘 선다.

잠언 17장 18절

너는 사람과 더불어 손을 잡지 말며 남의 빚에 보증을 서지 말라. 만일 갚을 것이 네게 없으면 네 누운 침상도 빼앗길 것이다. 네가 어찌 그리하겠느냐.

잠언 22장 26~27절

남의 보증을 선 사람은 자기의 옷을 잡혀야 하고, 모르는 사람의 보증을 선 사람은 자기의 몸을 잡혀야 한다.

잠언 27장 13절

살아가면서 돈이 얼마나 중요하다고 생각하십니까? 인생의 전부까지는 아니지만 살아가면서 꼭 필요한 도구임은 분명할 것입니다. 우리는 종종 돈 때문에 뜻하지 않은 곤경에 빠지기도 하는데요. 여러분의 오랜 친구가 찾아와 사업 자금이 필요하다며 은행 대출의 보증인이 되어달라고 부탁한다면 어떻게 하시겠습니까? 아마 친구를 돕고 싶은 마음과 재정적 위험 사이에서 갈등하게 될 것입니다. 이런 상황은 생각보다 흔히 일어납니다. 친한 친구의 빚 보증을 잘못 서는 바람에 가족 모두가 궁핍한 생활에 내몰리는 것을 아마 주위에서 보신 적이 있을 것입니다. 그래서 아무리 가까운 사이라도 절대 보증을 서지 않겠다고 다짐하는 분들이 많을 것입니다.

하지만 가족이나 막역한 친구가 찾아와 도움을 청한다면 이를 모질게 거절하기란 쉽지 않습니다. "네가 얼마나 급했으면 나를 찾아왔을까?"라는 동정심이 일기 때문이죠. 그리고 결국 승낙하고 맙니다. 이러한 결정은 순간적으로는 옳은 것처럼 보일 수 있지만 장기적인 관점에서 보자면 우리의 재정 상태는 물론이고 더 나아가 인간관계까지 악영향을 미칠 수 있습니다.

사랑하는 가족이나 친한 친구를 돕고 싶은 마음은 인간이 가진 자연스럽고도 아름다운 본능입니다. 하지만 보증을 선다는 것은 자신의 재정적 책임을 넘어 가족들에게도 책임과 부담을 안겨주는 그릇된 선택임을 알아야 합니다.

그 대가를 알라

간혹 유명 연예인들이 보증 문제로 어려움에 빠졌다는 기사를 접하곤 합니다. 인기 MC로 활약하고 있는 신동엽도 2000년대 초반, 보증을 선 친구의 사업이 실패하면서 막대한 빚을 떠안게 되었고, 그로 인해 수년간 경제적 어려움과 심적 고통을 겪어야 했다고 고백했죠. 그는 여러 인터뷰를 통해 "친구를 돕고 싶었던 순간적인 마음이 아주 오랜 시간 동안 내 곁에 있는 소중한 사람들을 고통에 빠지게 했다"면서 보증을 섰던 그 순간을 후회한다고 밝혔습니다.

보증을 서는 일은 단순히 친구나 이웃을 돕는 행위 이상의 의미를 가집니다. "지혜 없는 사람은 서약을 함부로 하고 이웃의 빚 보증을 선다"는 성경 잠언의 경고를 마음에 새겨야 합니다. 지혜의 왕 솔로몬 역시 이렇게 강조합니다.

"네가 남의 보증을 섰다면 네가 너의 이웃의 손에 잡힌 것이니, 어서 그에게 가서 풀어달라고 겸손히 간청하여라. 너는 이렇게 하여 자신을 구하여라. 잠을 자지도 말고, 졸지도 말고, 노루가 사냥꾼의 손에서 벗어나듯, 새가 새 잡는 사람의 손에서 벗어나듯, 어서 벗어나서 너 자신을 구하라."

현대 사회에서 돈이 차지하는 위상은 결코 작지 않습니다. 돈이 있다면 무엇이든 할 수 있는 세상처럼 보이지요. 반면 돈이 가져다주는 위험 또한 항상 경계해야 합니다. 나의 재정적 한도 안에서 감당할 수 있는지 명확하게 판단하세요. 사사로운 동정심이나 측은지심 때문에 주변 사람들에게 결코 씻을 수 없는 상처를 안길 수도 있다는 사실을 명심하시기 바랍니다.

—

거절도 용기입니다

감당할 수 없는 요청을 받았을 때는 단호하게 거절하세요. 지금 내리는 결정이 내 삶에 어떤 영향을 미칠 수 있는지 따져보고 옳지 않은 경우에는 그 제안을 단호하게 물리칠 수 있어야 합니다.

17

너희도 한때
외국인이었음을 기억하라

너희는 너희 땅에 사는 외국인을 학대하지 말고 그들을
너희 동족같이 여기며 너희 자신처럼 사랑해야 한다.
너희도 한때 이집트에서 외국인이었음을 기억하라. 나
는 너희 하나님 여호와이다.

레위기 19장 33~34절

우리는 모두 어느 순간 '낯선 사람'이 됩니다. 새 학
교에 입학하는 신입생, 새로운 직장에 첫 출근하는 신

입사원, 또는 낯선 도시로 이사 온 새 이웃일 수도 있습니다. 유학을 떠난 학생이나, 아는 사람 하나 없는 나라에서 이주민 생활을 하게 된 이들의 마음은 어떨까요? 그들은 언어의 장벽, 문화적 차이, 향수병 등 수많은 도전에 직면합니다. 시골에서 대도시로 올라와 직장 생활을 시작한 청년도 마찬가지입니다. 빠른 도시 생활 리듬과 복잡한 인간관계에 적응해야 하는 어려움을 감당해야 합니다. 이런 상황에서 사람들은 불안과 외로움을 느끼곤 합니다. 익숙한 환경을 떠나 새로운 규칙과 문화를 배워야 하는 부담감, 아무도 자신을 모르는 곳에서 새로운 관계를 만들어가야 하는 스트레스는 누구에게나 쉽지 않은 일이지요.

성경을 보면 이스라엘 백성은 이집트와 여러 나라에서 외국인으로 살면서 많은 고난과 차별을 겪었습니다. 이스라엘 민족 대다수는 타국에서의 삶이 얼마나 힘들고 외로운지 몸소 체험했습니다. 이런 이스라엘 백성에게 하나님은 말씀하십니다.

"너희들도 한때 이집트에서 외국인이었음을 기억하라."

가슴 아픈 과거를 기억하고, 같은 처지에 있는 이들을 만날 때 그들을 이해하며 배려하라는 조언입니다.

초심자의 어려움

우리 모두에게는 한때 초심자였던 시절이 있습니다. 처음으로 새로운 환경에 적응해야 했던 때, 낯설고 두려운 마음을 가졌던 순간들을 떠올려봅시다. 그때 우리는 어떤 도움을 받았습니까? 그 어렵고 힘든 시절을 지나며 어떻게 성장할 수 있었는지를 마음속에 간직해야 합니다. 개구리도 한때는 올챙이였던 시절이 있듯이 우리 역시 그 시간을 잊지 말고 도움과 배려가 절실한 이들에게 먼저 손을 내밀어야 합니다. 새로운 환경에 적응하는 사람들에게 필요한 정보나 자원을 적극적으로 공유하세요. 신입 직원에게 업무 프로세스를 상세히 설명해 주거나 이사 온 이웃에게 먼저 다가가 친절한 말을 건네고 동네와 관련된 정보를 알려주는 일은 우리에겐 사소하고 작은 노력일 수 있지만 그들에게는 큰 도움이 될 수 있습니다.

우리의 삶은 끊임없는 변화와 적응의 연속입니다. 오늘의 전문가도 언젠가는 새로운 분야의 초보자가 될 수 있습니다. 이러한 인생의 지혜를 깨닫고 실천할 때 우리는 더욱 포용적이고 따뜻한 공동체를 만들어갈 수 있습니다. 타인의 어려움에 공감하고 도움의 손길을 내밀 때 우리는 단순히 그들을 돕는 것을 넘어 나 자신을 더욱 가치 있는 존재로 만들어가고 있음을 깨닫게 될 것입니다. 이것이 바로 성경이 우리에게 가르치는 사랑의 실천이며 지혜의 적용입니다.

—

소속감을 느낄 수 있게 해주세요

새로운 구성원이 공동체에 쉽게 융화될 수 있도록 팀 활동이나 모임에 적극적으로 초대해 주세요. 소속감은 개인의 자신감과 생산성을 높일 뿐 아니라 인생의 행복도를 높여가는 중요한 요소입니다.

18

하나님이 가장 싫어하는
일곱 가지 죄

주님께서 미워하시는 것, 주님께서 싫어하시는 것이 예
닐곱 가지이다.

교만한 눈과 거짓말하는 혀와 무죄한 사람을 피 흘리게
하는 손과 악한 계교를 꾸미는 마음과 악한 일을 저지
르려고 치닫는 발과, 거짓으로 증거하는 사람과, 친구
사이를 이간하는 사람이다.

잠언 6장 16~19절

로버트 풀검의 책 『우리가 알아야 할 모든 것은 유치원에서 배웠다』에서는 인생의 중요한 교훈들이 사실 어릴 때 배운 간단한 원칙들에 기반하고 있음을 강조합니다. 이 책은 복잡한 현대 사회에서 우리가 종종 잊어버리는 기본적인 삶의 지혜를 상기시켜 주는데요. 그가 강조하는 것들은 특별한 것들이 아닙니다.

모든 것을 나누라, 공정하게 행동하라, 남을 때리지 마라, 물건을 제자리에 갖다 놓아라, 자기 물건이 아닌 것은 가져가지 마라, 누군가를 다치게 했다면 미안하다고 말하라, 먹기 전에 손을 씻어라, 균형 잡힌 삶을 살아라와 같은 상식 수준의 교훈과 조언들입니다.

풀검은 이 간단한 원칙들이 실제로 우리 삶의 중요한 측면을 다루고 있다고 강조합니다. 그는 이 책을 통해 우리가 살아가면서 잊어버리기 쉬운 기본적인 삶의 지혜를 상기시키고자 했습니다. 이 원칙들은 단순해 보이지만 실제로 우리의 개인적 관계, 직업 생활, 사회적 책임, 그리고 자기 관리 등 삶의 모든 영역에 적용될 수 있는 중요한 가치들을 담고 있습니다. 풀검은 이러한 기본적인 원칙들을 일상에서 실천함으로써 우리가 더 행복하고 성공적인 삶을 살 수 있다고 말합니다.

하나님이 싫어하시는 일곱 가지 죄

잠언 6장에는 하나님이 싫어하시는 일곱 가지 죄가 등장합니다. 교만한 눈, 거짓말하는 혀, 무죄한 사람을 피 흘리게 하는 손, 악한 계교를 꾸미는 마음, 악한 일을 저지르려고 치닫는 발, 거짓으로 증거하는 사람, 친구 사이를 이간하는 사람이 그것입니다.

이 일곱 가지는 사실 우리가 어릴 때부터 '하지 말라'고 배워온 것들입니다. 교만하지 말라, 거짓말하지 말라, 남을 해치지 말라, 나쁜 생각을 하지 말라, 나쁜 일을 하지 말라, 거짓말로 남을 해치지 말라, 친구 사이를 망치지 말라. 문제는 우리가 이것들을 알고 있음에도 불구하고, 실제 삶에서 실천하지 못한다는 점입니다. 우리는 종종 이 간단한 원칙들을 무시하고 잘못된 선택을 하고 말지요.

인생의 성공은 어쩌면 우리가 이미 배워 알고 있는 이런 기본적인 원칙들을 실천하고 지속하는 데에 있을지도 모릅니다. 풀검의 책이 베스트셀러가 된 이유도, 잠언의 이 구절이 여전히 우리에게 깊은 깨달음을 주는 이유도 바로 여기에 있습니다. 우리는 몰랐던 것을 새롭게 배우는 것보다 이미 알고 있는 것들을 다시 한번 상기하고, 그것을 제대로 실천하는 데 집중해야 합니다.

그렇다면 하나님이 싫어하는 일곱 가지 죄를 피하는 방법에는 어떤 것들이 있을까요? 첫째, 교만한 눈을 피하기 위해서는 타인의 의견을 존중해야 합니다. 자신이 옳다고 생각하는 것에만 집착하지 말고 항상 겸손한 마음을 유지하세요.

둘째, 진실을 왜곡하고 거짓으로 말하는 것은 사람들 사이의 신뢰를 파괴합니다. 거짓말은 사회를 혼란스럽게 하고, 갈등을 야기합니다. 진실을 말하는 습관을 들이고, 어려운 상황에서도 정직하게 행동하세요.

셋째, 정의롭고 공정한 행동을 실천하며 다른 사람들에게 해를 끼치지 않도록 주의하세요. 타인의 권리를 존중하고, 공정한 대우를 하세요. 다른 사람에게 피해를 주는 행동을 삼가세요.

넷째, 선한 생각을 하고 다른 사람의 행복을 위해 노력하세요. 음모나 악한 계획을 멀리하세요. 긍정적이고 선한 생각을 하며, 타인을 위한 좋은 계획을 세우세요.

다섯째, 올바른 행동을 선택하고 유혹에 빠지지 않도록 항상 주의하세요. 혹시나 유혹이 찾아오면 정의로운 선택을 할 수 있도록 스스로를 다잡으세요.

여섯째, 진실을 말하고 거짓 증언을 피하세요. 이는 법적, 도덕적 책임을 다하는 것입니다. 항상 정직하게 말하세요. 특히 중요한 상황에서는 거짓말을 삼가세요.

마지막으로 갈등을 조장하지 말고 화해를 도모하세요. 갈등을 해소하려고 노력하고 사람들 사이의 관계를 개선하는 데 힘쓰세요.

인생에서 얻을 수 있는 가장 큰 지혜는 복잡하거나 난해하지 않습니다. 우리가 이미 알고 있는 가장 기본적이고 단순한 원칙들을 꾸준히 실천하는 데에 있습니다. 우리가 유치원에서 배운 것들, 그리고 성경이 우리에게 가르치는 것들을 일상 속에서 실천한다면 훨씬 풍요롭고 의미 있는 삶을 살 수 있을 것입니다.

—

기본을 소중히 여기세요

아랫돌이 튼튼하지 않으면 아무리 근사한 건물도 곧 무너지고 맙니다. 세상을 살아가는 데 필요한 것은 현란한 기술과 전략이 아닙니다. 어떤 유혹에도 흔들리지 않는 단단한 기본기를 닦아야 합니다.

19

준비할수록 강해진다

"내가 이스라엘 백성에게 줄 가나안 땅을 정탐하게 사
람들을 보내어라. 각 지파에서 한 사람씩 수령들을 보
내어라." 모세는 가나안 땅을 정탐하라고 그들을 보내
면서 이렇게 일렀다. "저 네겝 지방에 들어가 보고 산
악 지대에도 올라가 보아라. 그곳이 어떤 곳인지 살펴
보아라. 거기에 사는 백성이 강한지 약한지, 많은지 적
은지, 그들이 사는 땅이 좋은지 나쁜지, 그들이 사는 도
시들은 어떤지, 천막에서 사는지 견고한 성 안에서 사

는지, 땅은 기름진지 메마른지, 숲이 우거졌는지 아닌지 살펴보고 오너라. 대담하게 행동하여라. 그리고 그곳에서 나는 과일을 따오너라." 그때는 마침 이른 포도철이었다. 그들은 씬 광야에서 하맛 어귀에 있는 르홉에 이르기까지 샅샅이 살피려고 그 땅으로 들어갔다. 가나안 땅을 정탐하고 돌아오는 데 사십 일이 걸렸다.

민수기 13장 1~25절

성경에서 하나님은 모세에게 가나안 땅을 정탐하라고 명령하셨습니다. 모세는 각 지파에서 한 명씩 선택하여 그들을 가나안으로 보냈습니다. 그는 정탐꾼들에게 상세한 지시를 내렸습니다. "저 네겝 지방에 들어가 보고 산악 지대에도 올라가 보아라. 그곳이 어떤 곳인지 살펴보아라. 거기에 사는 백성이 강한지 약한지, 많은지 적은지, 그들이 사는 땅이 좋은지 나쁜지, 그들이 사는 도시들은 어떤지, 천막에서 사는지 견고한 성 안에서 사는지, 땅은 기름진지 메마른지, 숲이 우거졌는지 아닌지 살펴보고 오너라."

모세는 정탐꾼들에게 가나안 땅을 철저히 조사하도록 명령했습니다. 그리고 그들은 40일 동안 샅샅이 살피고 돌아왔죠. 모세는 이 과정이 이스라엘 백성들이 새로운 땅을 차지하는 데 있어 중요한 준비 단계임을 알았습니다.

인생에서 우리는 모두 목표를 가지고 있습니다. 하지만 목표를 세우는 것만으로는 부족합니다. 성공적인 목표 달성을 위해서는 철저한 조사와 준비가 필수적입니다. 물론 모든 계획이 완벽할 순 없고, 모든 상황을 예측할 수도 없습니다. 그러나 목표를 반드시 이루겠다는 강한 의지가 있다면 이러한 준비 과정은 반드시 수반되어야 합니다.

준비된 자가 기회를 잡는다

모세의 정탐 명령은 단순한 지형 파악 이상의 의미

를 가집니다. 그는 이스라엘 백성들이 새로운 도전에 철저히 대비하길 원했습니다. 가나안 땅은 하나님의 약속이었지만, 그 성취는 인간의 노력과 준비를 통해 이루어짐을 성경은 강조합니다.

기회는 때로 예기치 않게 찾아올 수 있습니다. 그러나 그 기회를 활용할 수 있는 자는 준비된 사람뿐입니다. 모세의 정탐꾼들이 40일 동안 가나안 땅을 샅샅이 살펴본 것처럼 우리도 우리의 '가나안'을 정복하기 위해서는 철저한 준비가 필요합니다.

영화감독 제임스 캐머런은 〈아바타〉 시리즈를 만들기 위해 수년에 걸친 준비 기간을 가졌다고 합니다. 그는 판도라 행성의 생태계와 문화를 세밀하게 설계하고, 새로운 3D 촬영 기술을 개발했으며, 나비족의 언어까지 만들어냈습니다. 〈아바타〉는 2009년에 개봉했지만, 그 준비는 무려 15년 전인 1994년부터 시작되었던 것입니다. 이러한 철저한 준비가 없었다면 우리가 아는 역사상 가장 성공한 영화 중 하나인 〈아바타〉는 없었을 겁니다.

목표를 향한 여정은 쉽지 않을 수 있습니다. 그러나 철저한 준비를 통해 우리는 그 여정을 더 지혜롭고 효과적으로 헤쳐 나갈 수 있습니다. 여러분은 바라고 원하고 꿈꾸는 목표를 향해 무엇을 준비하고 계신가요? 여러분의 '가나안'을 향한 여정이 철저한 준비와 함께 시작되기를 바랍니다.

—

구체적인 계획을 세우세요

목표를 이루기 위해 필요한 모든 정보를 모으고 꼼꼼히 준비하세요. 그런 뒤 모은 정보를 바탕으로 현실적이고 구체적인 계획을 세우세요. 계획은 목표 달성의 지도이며 이를 통해 목표를 단계적으로 이룰 수 있습니다.

20

지혜자의 책망이
어리석은 자의 칭찬보다 낫다

목숨을 살리는 책망에 귀 기울이는 사람은 지혜로운 사람들 사이에 자리를 잡는다.

훈계를 싫어하는 사람은 자기 생명을 가볍게 여기는 사람이지만, 책망을 잘 듣는 사람은 지식을 얻는 사람이다.

잠언 15장 31~32절

현명한 사람 한 번 꾸짖는 것이 미련한 사람 백 번 매질하는 것보다 낫다.

잠언 17장 10절

경우에 알맞은 말은 은쟁반에 담긴 금사과이다. 지혜로 운 사람의 책망은 들을 줄 아는 사람의 귀에는 금귀고 리요, 순금 목걸이이다.

잠언 25장 11~12절

속으로 사랑하는 것보다 터놓고 꾸짖는 것이 낫다.

잠언 27장 5절

책망을 자주 받으면서도 고집만 부리는 사람은 갑자기 무너져서 회복하지 못한다.

잠언 29장 1절

지혜로운 사람의 책망을 듣는 것이 어리석은 사람의 칭 찬을 듣는 것보다 낫다.

전도서 7장 5절

"지금 이걸 회의 준비라고 한 거야? 처음부터 다시 해오게."

"아니 찌개 맛이 왜 이래? 하루이틀도 아니고, 요리 좀 제대로 할 수 없어?"

"이 기획안은 너무 식상하네요."

우리는 일상 속 다양한 상황에서 타인의 의견과 조언, 때로는 날카로운 비판을 마주합니다. 아침에 일어나 출근하는 순간부터, 퇴근 후 가족과의 저녁 식사 시간까지 우리의 하루는 크고 작은 피드백으로 가득합니다. 이 피드백은 격려일 수도, 우리를 불편하게 하는 비판일 수도 있습니다.

열심히 준비한 프레젠테이션 발표 자리에서 직장 상사와 동료의 지적을 받을 때 여러분은 어떤 감정을 느끼나요? 남편이 아내의 요리에 대해 불평할 때 아내의 마음은 어떨까요? "그렇게 말할 거면 당신이 해보시지!" 이런 날선 반응이 되돌아오지 않을까요? 비판적인 상황에서 우리는 자연스럽게 방어적이 되거나 상대방의 의견을 무시하려는 경향이 있습니다. 상대방의 비판적 피드백을 나 자신을 향한 적대감으로 받아들이는 경우가 많기 때문이죠.

비판의 지혜, 성장의 기회

잠언 25장 12절은 비판을 받아들이는 태도의 중요성을 강조합니다.

"지혜로운 사람의 책망은 들을 줄 아는 사람의 귀에는 금귀고리요, 금목걸이다."

직장 상사나 동료가 우리의 프레젠테이션에 대해 피드백을 줄 때, 그것에 귀 기울이는 것이 지혜로운 태도라는 겁니다. 타인의 조언이나 비판이 불편하게 느껴지는 건 아마 인간의 자연스러운 본능일 것입니다. 하지만 그 불편함을 성장의 기회로 삼는 사람들이 분명히 있습니다. 잠언은 그들에 대해서도 이렇게 이야기하고 있습니다.

"목숨을 살리는 책망에 귀 기울이는 사람은 지혜로운 사람들 사이에 자리를 잡는다."

올바른 비판은 생명력이 있습니다. 우리의 일상을 나은 방향으로 이끌고 더 건강하고 풍요로운 삶을 살도록 만드는 축복의 선물이 되어주지요. 반면 비판을 무시하고 자기 고집만 부리는 사람들도 있습니다. 잠언은 그들의 태도를 이렇게 꼬집습니다.

"책망을 자주 받으면서도 고집만 부리는 사람은, 갑자기 무너져서 회복하지 못한다."

비판을 수용하지 못하는 태도가 결국 삶 전체를 무너뜨릴 수 있다는 경고인데요. 우리의 삶은 거대한 사건 하나로 변화하는 것이 아닙니다. 작은 태도들이 모여 삶 속에 뿌리를 내리고 열매로 맺히지요. 그렇기에 값진 거름이 되어주는 타인의 비판을 긍정적으로 수용하고자 노력하는 자세가 필요합니다. 그렇다면 비판을 성장으로 변화시키는 세 가지 방법에 대해 알아봅시다.

첫째, 열린 마음을 가지세요. 비판을 들을 때 불평하거나 방어적인 자세를 취하지 마세요. 대신 그 속에 담긴 가치 있는 조언을 찾으려 노력하세요. 예를 들어 동료의 비판적 의견을 듣고 즉시 반박하기보다는 "그 점에 대해 더 자세히 설명해 줄 수 있나요?"라고 물어보세요.

둘째, 깊이 사색하는 시간을 가지세요. 받은 비판에 대해 곰곰이 생각해 보고 그것이 어떻게 자신의 성장에 도움이 될 수 있을지 고민해 보세요. 가능하다면 매일 저녁 5분 동안 그날 받은 피드백에 대해 기록하는 습관을 들여보세요. 나만의 깨달음이 있는 문장, 아포리즘을 적는 것도 좋은 방법입니다.

셋째, 지속적인 성장을 추구하세요. 비판을 통해 얻은 통찰을 실제 삶에 적용하고, 끊임없이 자신을 개선해 나가는 노력을 하세요. 매월 자신의 성장 목표를 설정해 다른 사람들에게 알리고 그에 대한 피드백을 적극적으로 요청해 보세요.

누구나 비판은 피하고 싶어 하고 칭찬 듣기를 좋아

합니다. 소셜 미디어에서 '좋아요'를 받을 때의 기분과 부정적인 댓글을 받을 때의 기분만 생각해 보아도 쉽게 이해할 수 있을 것입니다. 칭찬은 우리의 자존감을 높여 줄 수 있지만, 진정한 성장은 종종 불편한 진실에서 비롯된다는 사실 또한 잊어서는 안 됩니다.

비판을 두려워하지 않는 마음을 훈련하세요. 그것을 통해 나 자신이 성장할 수 있다는 사실을 기억하세요. 이 작은 변화를 실천한다면, 우리의 삶은 더욱 풍요롭고 의미 있게 변화할 것입니다.

—

'내가 틀릴 수도 있다'라고 생각하세요

자신의 생각만 옳다고 믿으면 갈등을 피할 수 없습니다. 타인의 비판을 받으면 언짢아하기보다 내가 틀리고, 저 사람이 옳을 수도 있다고 생각해 보세요. 겸손한 태도로 다른 사람의 조언을 존중하면 세상을 바라보는 시야가 한결 넓어질 것입니다.

21

큰 수의 법칙과
초심자 성장의 비밀

우리가 선을 행하되 낙심하지 말지니 포기하지 아니하면 때가 이르매 거두리라.

갈라디아서 6장 9절

너는 아침에 씨를 뿌리고 저녁에도 손을 거두지 말라. 이것이 잘 되는지 저것이 잘 되는지 혹 둘이 다 잘 되는지 알지 못함이니라.

전도서 11장 6절

대저 의인은 일곱 번 넘어질지라도 다시 일어나려니와
악인은 재앙으로 말미암아 엎드려지느니라.

잠언 24장 16절

통계학의 개념 중 '큰 수의 법칙Law of Large Numbers'이란 게 있습니다. 동일한 실험이나 행동을 충분히 반복하면 그 결과가 실제 평균값에 가까워진다는 원리입니다. 동전을 몇 번 던졌을 때는 앞면과 뒷면이 나오는 횟수가 한쪽으로 치우칠 수 있지만, 동전을 수백 아니 수천 번 던지면 결과는 거의 반반으로 수렴하게 되는 것처럼 말이지요. 큰 수의 법칙은 우리의 일상생활, 성장을 위한 학습과 노력의 과정, 선을 행하는 삶의 여정에서도 매우 중요한 원리로 작동합니다.

큰 수의 법칙과 노력의 관계

초심자들은 어떤 분야에서든 처음에는 서툴고 실수

하기 마련입니다. 이는 자연스러운 과정이며, 반복적인 시도를 통해 점차 개선될 수 있습니다. 큰 수의 법칙에 따르면 반복적인 노력을 많이 할수록 성공적인 결과에 도달할 확률이 높아집니다.

피아노를 처음 배우는 학생은 음을 자주 틀리는 등 실수가 많고 연주가 매끄럽지 않을 수 있습니다. 그러나 매일 꾸준히 연습을 반복하면, 그의 연주 실력은 서서히 향상됩니다. 초보자가 반복적으로 연습할수록 그 경험의 '표본 크기'가 커지기 때문입니다. 이는 실력 향상의 기회를 증가시키고, 궁극적으로 더 높은 수준에 도달할 확률이 높아지겠죠.

큰 수의 법칙은 자기계발을 위한 독서에서도 똑같이 적용됩니다. 독서를 통한 이해력, 사고력의 성장을 측정하기란 쉽지 않습니다. 책 몇 권 읽었다고 눈에 띄는 변화가 나타나는 것이 아니기 때문입니다. 그러나 독서의 양이 쌓여가면서 이해력과 사고력은 분명히 향상됩니다. 독서 초보자의 경우, 어려운 책을 정독하기보다는 관심 있는 분야의 책을 다독하는 것이 우선되어야 하는 이유도 이 때문입니다.

사람들은 무엇이든 처음부터 잘하고 싶어 합니다. 한 달에 책 한 권도 읽지 않던 사람이 독서를 잘하고 싶다며 심오한 철학책을 골라 옵니다. 그러나 '잘하는 독서'를 위해서는 '못하는 독서'의 과정이 선행되어야 합니다. 부족한 가운데서도 읽은 책의 권수가 쌓이고 생각하는 습관이 만들어지면서 문해력과 사고력은 높아질 것입니다.

노력의 반복과 실패의 가치

성경에서는 "우리가 선을 행하되 낙심하지 말지니 포기하지 아니하면 때가 이르매 거두리라"라고 강조합니다. "의인은 일곱 번 넘어질지라도 다시 일어나려니와"라는 말씀도 마찬가지입니다. 오늘날 사회를 보면 악인이 의인보다 잘 살고 성공하는 것처럼 보이는 순간들도 있습니다. 선을 추구하는 행동이 바위에 달걀을 던지는 것처럼 헛되이 느껴지기도 합니다. 잘 산다는 것이 무엇인지, 옳은 가치관을 지키며 살아간다는 것이 무엇인지에 대해 회의가 느껴지기도 하지요. 성경 하박국에서도 선지자는 이러한 혼란을 느끼며 하나님을 향해 고통을 토로합니다.

"여호와여, 내가 언제까지 부르짖어야 주께서 들어주시겠습니까? 내가 '횡포가 있습니다!'라고 외쳐도 주께서 구해주지 않으십니다. 어째서 나에게 불의를 보게 하시며 악을 목격하게 하십니까? 파괴와 폭력이 내 앞에 있고 다툼과 분쟁이 곳곳에 있습니다. 그래서 법이 무시되고 정의가 실현되지 못하고 있습니다. 악인이 의로운 자를 둘러싸고 있으므로 부정이 판을 치게 되었습니다."

믿음 안에서 법을 지키고 선을 행하며 노력함에도

좋지 않은 결과를 마주하는 이들도 있습니다. 많은 이들이 여기에서 포기합니다. 잠시 잠깐을 보면 악이 이기는 것처럼 보이는 순간들도 있을 것입니다. 그러나 분명한 사실은 시간이 흐르고 나면 많은 경우에 악이 처벌받고 선이 승리하는 일이 역사 속에서도 반복되어 왔다는 것입니다. 항상 오랜 시간이 지나야 하는 것은 아닙니다. 그러한 원리가 세상에 적용되면서 개인과 이웃, 사회와 국가의 기준도 강화되어 왔습니다. 그 결과 악이 선을 이기도록 사회의 시스템도 가만히 두고 보지만은 않습니다. 오랜 역사의 투쟁의 결과로 오늘날의 우리가 그 축복을 누리고 있는 것이지요.

꾸준함의 중요성

여러분이 어떤 목표를 이루고자 할 때 중요한 것은 독서든 혹은 새로운 기술을 배우는 것이든, 지속적으로 반복하고 많은 시도를 하는 것입니다. 더 많이 도전하고,

더 많이 읽고, 더 많이 선을 행하십시오. 항상 만족스럽지는 않겠지만 그 순간을 이겨내야 합니다. 인내심을 갖고 견뎌야 합니다. "아침에 씨를 뿌리고 저녁에도 손을 거두지 말라"는 전도서의 말씀처럼 꾸준히 노력하십시오. 그리고 그 결실을 기대하십시오. 여러분이 원하는 변화가 눈앞에 펼쳐질 것입니다.

—

실패를 두려워하지 마세요

실패는 성공을 위한 필수적인 과정입니다. "의인은 일곱 번 넘어질지라도 다시 일어나려니와"라는 말씀처럼, 좌절에도 불구하고 다시 일어나는 것이 중요합니다. 실패를 두려워하지 말고, 배우고 성장하는 기회로 삼으세요. 포기하지 않고 계속 시도할 때 결국 성공의 길에 도달할 수 있을 것입니다.

게으름의 대가는 혹독하다

문짝이 돌쩌귀에 붙어서 돌아가듯이, 게으른 사람은 침대에만 붙어서 뒹군다.

게으른 사람은 밥그릇에 손을 대고서도, 입에 떠 넣기조차 귀찮아한다.

게으른 사람은 재치 있게 대답하는 사람 일곱보다 자기가 더 지혜롭다고 생각한다.

잠언 26장 13~16절

좀 더 자자, 좀 더 졸자, 손을 모으고 좀 더 눕자 하면
네 빈궁이 강도같이 오며 네 곤핍이 군사같이 이르리라.

잠언 6장 10~11절

게으른 사람이 핑계 대기를 "바깥에 사자가 있다. 거리
에 나가면 찢겨 죽는다" 한다.

잠언 22장 13절

"조금만 더 자야지, 조금만 더 눈을 붙여야지, 조금만
더 팔을 베고 누워 있어야지" 하면, 가난이 강도처럼
들이닥치고, 빈곤이 방패로 무장한 용사처럼 달려들 것
이다.

잠언 24장 33~34절

가난하지 않으려면 잠을 좋아하지 말고, 먹거리를 풍족
히 얻으려면 깨어 있어라.

잠언 20장 13절

게으른 사람은 제철에 밭을 갈지 않으니 추수 때에 거두려고 하여도 거둘 것이 없다.

우리 모두는 때때로 게으름의 유혹에 빠집니다. 아침에 일어나기 힘들어 알람이 여러 번 울릴 때까지 미적거리거나 중요한 과제를 마감 직전까지 미루다가 낭패를 본 경험은 아마 모두 한번쯤 있을 것입니다. 일반적으로 게으름은 개인의 습관이나 성격 문제로 치부되지만 사실 인간이라면 누구나 갖게 되는 자연스러운 특징이라고 할 수 있습니다. 성경의 지혜서인 잠언은 게으름에 대해 놀랍도록 현실적이고 통찰력 있는 관점을 제시합니다.

"게으른 사람은 밥그릇에 손을 대고서도, 입에 떠 넣기를 귀찮아한다"라는 구절은 게으름의 극단적인 모습을 생생하게 묘사합니다. 이는 단지 일을 미루는 것을 넘어, 자신의 기본적인 욕구조차 충족시키지 못할 정도로 무기력해질 수 있음을 경고합니다.

게으른 사람들의 또 다른 특징은 끊임없는 변명입니다. "게으른 사람이 핑계 대기를 '바깥에 사자가 있다. 거리에 나가면 찢겨 죽는다'고 한다"라는 잠언 속 구절은 게으름을 핑계 삼는 이들을 재치 있게 표현합니다.

우리는 종종 과장된 위험이나 어려움을 핑계로 삼아 책임을 회피하려 합니다. 이러한 태도는 우리의 성장과 발전을 가로막습니다. 비난을 피하기 위해 스스로를 합리화하는 태도는 신뢰를 잃기 십상입니다. 무엇보다 게으른 사람의 가장 큰 문제는 자기기만일 수 있습니다. "게으른 사람은 재치 있게 대답하는 사람 일곱보다 자기가 더 지혜롭다고 생각한다"라는 구절은 자신의 상태를 정확히 인식하지 못하는 게으른 사람의 어리석음을 지적합니다.

게으름의 결과

게으름에서 비롯된 안일한 삶의 결과는 시간이 지날수록 더욱 심각해집니다. "게으른 사람은 제철에 밭을 갈지 않으니, 추수 때에 거두려고 하여도 거둘 것이 없다"라는 말씀은 학업, 직장, 인간관계 등 삶의 모든 영역에 해당됩니다. 노력을 기울여야 할 시기에 애쓰지 않으면 결실을 맺을 수 없다는 것은 삶의 진리 중 하나입니다. 잠언은 게으름의 위험성을 더욱더 현실적이며 강력하게 경고합니다. "조금만 더 자야지, 조금만 더 눈을 붙여야지, 조금만 더 팔을 베고 누워 있어야지 하면, 가난이 강도처럼 들이닥치고, 빈곤이 방패로 무장한 용사처럼 달려들 것"이라고 말이지요.

게으름의 유혹은 항상 우리 곁에 있으며, 끈질기기까지 합니다. 이를 극복하고 부지런함을 실천하는 것은 쉽지 않습니다. 잠깐의 편안함을 위해 장기적 성장을 포기하고 있지는 않은지, 불필요한 변명으로 잠재력을 제한하고 있지는 않은지 돌아봐야 합니다.

게으름을 극복해야 하는 이유는 단순히 더 많은 일을 하기 위해서가 아닙니다. 삶에 대한 책임을 지고, 목표와 꿈을 향해 꾸준히 노력하는 태도를 기르는 일입니다. 이 과정은 어려울 수 있지만 그 결과로 얻게 될 성취감과 풍요로움은 모든 노력을 충분히 보상할 것입니다.

—

책임감과 자유의 균형을 찾으세요

시간을 효율적으로 사용하는 것은 중요합니다. 그러나 이는 모든 순간을 일에 쏟아부어야 한다는 뜻이 아닙니다. 우리에게는 책임이 있지만, 동시에 휴식과 재충전의 시간도 필요합니다. 이 둘 사이의 균형을 찾는 것이 중요합니다.

———❦———

23

그들은 우리의 밥이다

가나안 땅으로 떠났던 열두 명의 정탐꾼은 40일 후 모세와 이스라엘 백성에게로 돌아와 온 회중 앞에 그 땅의 과일을 보여주며 보고하였다. "당신께서 우리를 보내신 땅에 가보았더니, 과연 젖과 꿀이 흐르는 곳이었습니다. 그리고 성곽 도시들은 정말 굉장합니다. 더구나 우리는 거기에서 아나킴의 후손도 보았습니다. 우리가 만난 거인들 가운데는 아나킴 말고도 다른 거인족이 또 있더군요. 우리는 스스로 보기에도 메뚜기 같았지만

그 사람들 보기에도 그랬을 것입니다. 우리가 정탐하고
온 땅에 들어가 살려다가는 도리어 잡혀 먹힐 것입니
다"며 자기들보다 훨씬 더 강한 사람이 살고 있는 가나
안 땅은 자신들이 살지 못할 곳이라는 소문을 이스라엘
백성들에게 퍼뜨렸다. 그때 여호수아와 갈렙이 모세 앞
으로 술렁대며 모여드는 백성을 진정시키면서 외쳤다.
"올라갑시다. 올라가서 점령합시다. 점령할 수 있습니
다. 우리가 탐지한 땅은 아주 좋은 땅입니다. 그 땅 사
람들은 우리 밥에 지나지 않습니다. 그들을 조금도 두
려워하지 마십시오. 그들의 보호자는 떠났고 여호와께
서는 우리와 함께 계십니다. 그러니 조금도 두려워하지
마십시오!" 그러나 군중들은 그들을 돌로 쳐 죽이려고
위협하였다.

민수기 13장 25절~14장 10절

모세는 평생의 목표였던 가나안 땅으로 이스라엘 12
지파에서 대표 한 사람씩을 뽑아 열두 명의 정탐꾼을 보
냈습니다. 오랜 기간 정탐을 마치고 돌아온 이들의 반응

은 두 가지로 나뉘었습니다. 대다수의 정탐꾼들은 두려움에 떨며 '자신들은 결코 그 땅을 차지할 수 없다'고 결론지었습니다. 반면 여호수아와 갈렙은 두려움에 머물지 않고 자신들의 목표 달성이 결코 불가능하지 않다고 이야기했습니다.

열 명의 정탐꾼들도 가나안 땅의 풍요로움은 인정했습니다. 젖과 꿀이 흐르는 비옥한 곳임을 눈으로 확인했다고 보고했습니다. 그러나 "우리는 그들에 비해 메뚜기 같았습니다"라는 표현을 사용하며, 그곳에 거주하는 강력한 거주민들 때문에 자신들이 그 땅을 정복할 수 없다고 생각했죠. 정탐꾼들의 두려움은 백성들 사이에 빠르게 전염되기 시작했습니다. 백성들은 결국 불안과 공포에 사로잡히게 되었습니다.

하지만 여호수아와 갈렙은 달랐습니다. 그들은 같은 땅을 보았지만, 그들의 믿음은 상황을 전혀 다르게 해석하게 만들었습니다.

"우리는 그 땅을 정복할 수 있습니다. 그 땅 사람들은 우리의 밥에 불과합니다. 그들의 보호자는 이미 떠났고, 여호와께서는 우리와 함께하십니다. 두려워하지 마십시오!"

여호수아와 갈렙도 가나안의 원주민들을 눈으로 목격했습니다. 그러나 그들은 하나님이 그들과 함께하신다는 믿음 가운데 두려움을 극복할 수 있었습니다. 믿음은 그들을 강하게 만들었고, 현실의 두려움을 뛰어넘게 했습니다. 그들은 두려움을 직면했지만, 그 두려움을 믿음으로 승화시키는 일에 성공했습니다.

두려움을 극복하는 방법

'나는 할 수 있다'는 다짐만 한다고 모든 일에 성공하는 것은 아닙니다. 아무리 긍정적인 사고와 믿음을 갖고 있다 하더라도 자신이 해야 할 준비에 소홀하다면 믿음은 한낱 망상에 지나지 않을 수 있습니다. 하지만 우리가 해야 할 모든 일을 제대로 준비하고 난 뒤라면 믿음은 그 어떤 것보다 강한 힘을 발휘한다는 사실을 기억해야 합니다. 여호수아와 갈렙은 그들이 마주한 현실을 두려워하지 않았습니다. 믿음으로 두려움을 이겨낸 것이지요.

이집트를 나와 수십 년간 가나안 땅을 목표로 나아간 이들이 이스라엘 민족입니다. 그들은 긴 시간 동안 수많은 고난과 싸움에 직면해야 했습니다. 항상 승리하기만 한 것은 아닙니다. 위기도 있었습니다. 그렇기에 가나안 땅의 견고한 성과 장대한 민족을 눈으로 확인한 이들이 두려워하는 것은 당연한 일일지도 모릅니다. 그러나 여호수아와 갈렙은 그 두려움을 믿음으로 극복하려 했습니다.

직장에 들어가거나 사업을 시작할 때, 이직을 준비하거나 시험에 도전하려고 할 때, 우리는 최선을 다해서 준비했음에도 불구하고 두려움을 느끼고는 합니다. '내가 과연 잘할 수 있을까?'라는 의심과 불안이 쉽게 가시지 않죠. 이때 필요한 것이 바로 "나는 할 수 있다"는 긍정적인 믿음입니다.

믿음과 신뢰는 삶에서 두려움을 이기는 강력한 도구입니다. 어떤 도전이든 그것이 처음에는 '거인'처럼 보일지 몰라도, 믿음과 긍정적인 마음가짐으로 맞서고 이겨낸다면 그 도전은 결국 우리의 성장을 위한 '밥'이 될 것이라 믿고 굳건하게 앞으로 나아가야 합니다. 이러한 태도가 결국 거대한 거인을 무너뜨릴 수 있습니다.

삶을 살아가면서 맞닥뜨리는 여러 도전 앞에서 두려움 때문에 포기하는 일이 없기를 바랍니다. 도전은 우리를 더 강하고 단단하게 만들어주는 기회이니까요. 굳건한 믿음으로 두려움을 깨고 앞으로 전진하면 분명히 더 나은 미래가 기다리고 있을 것입니다.

—

어려움을 함께 헤쳐갈 동료를 찾으세요

서로를 응원하고 격려하며, 함께 두려움을 극복해 나갈 동료를 찾
으세요. 같은 믿음을 갖고 마음을 모을 사람을 곁에 둘 수 있다면
어려움을 헤쳐 나가는 과정이 외롭지만은 않을 겁니다.

24

미련한 사람은 쉽게 화를 내지만 슬기로운 사람은 모욕을 참는다

어리석은 사람은 자신의 행실만이 옳다고 여기지만, 지혜로운 사람은 충고에 귀를 기울인다.

미련한 사람은 쉽게 화를 내지만, 슬기로운 사람은 모욕을 참는다.

진실을 말하는 사람은 정직한 증거를 보이지만, 거짓 증인은 속임수만 쓴다.

함부로 말하는 사람의 말은 비수 같아도, 지혜로운 사람의 말은 아픈 곳을 낫게 하는 약이다.

진실한 말은 영원히 남지만, 거짓말은 한순간만 통할 뿐이다.

악을 꾀하는 사람의 마음에는 속임수가 들어 있지만, 평화를 꾀하는 사람에게는 기쁨이 있다.

잠언 12장 15~20절

소설 『오만과 편견』의 주인공 엘리자베스와 다아시는 무도회에서 첫 만남을 갖게 됩니다. 이 자리에서 다아시는 다소 냉담하고 거만한 태도를 보이는데요. 엘리자베스에게 춤을 청할 것을 권유받자 "그녀가 괜찮기는 하지만 내 마음을 움직일 만큼 아름답지는 않아"라고 한 것이죠. 그런데 마침 이 말을 엘리자베스가 우연히 들으면서 다아시에 대해 강한 편견을 갖게 됩니다. 결국 다아시는 자유롭고 활달한 엘리자베스에게 마음을 빼앗기지만 엘리자베스는 오만에 대한 편견 때문에 그를 거부합니다. 이후 여러 가지 사건과 집안 문제에 부딪히면서 엘리자베스는 다아시가 너그럽고 사려 깊은 인물이라는 사실을 깨닫게 되고 자신의 편견을 인정합니다. 다아시

역시 자신의 오만한 태도를 반성하면서 변해가죠. 결국 그들은 서로를 더 깊이 이해하며 진실한 사랑을 나누게 됩니다.

소설 『오만과 편견』은 인간의 성장과 자아 발견의 여정을 세밀하게 그려낸 고전 중의 고전으로 인간관계에서 오해와 편견을 극복하고 성숙한 태도를 통해 진정한 사랑과 행복을 찾는 과정을 잘 보여주고 있습니다.

성경의 잠언 16장 18절 말씀은 다아시의 초기 모습을 떠올리게 합니다.

"교만은 멸망의 선봉이요, 거만한 마음은 넘어짐의 앞잡이니라."

다아시는 엘리자베스를 처음 만났을 때의 교만한 태도로 인해 엘리자베스뿐만 아니라 주위 사람들에게도 오해를 받게 됩니다. 그의 자만심은 사람들과의 관계를 악화시켰고, 스스로를 고립된 상태에 놓이게 만들었죠.

하지만 다아시는 자신의 오만함을 깨닫고 반성하며 엘리자베스와의 관계를 회복하기 위해 노력합니다. 이러한 변화는 다아시가 진정한 사랑과 행복을 찾는 데 중요한 역할을 합니다.

교만한 마음은 우리의 일상에서도 종종 관계를 망치는 주범으로 작용합니다. 자신만이 옳다고 여기는 순간, 우리는 타인에게 상처를 줄 수 있으며 그 결과로 인해 스스로를 고립시킬 수 있습니다. 마태복음 7장 1절에서는 "비판을 받지 아니하려거든 비판하지 말라"고 경고합니다. 이 말은 우리가 다른 사람을 평가하고 판단할 때 얼마나 신중해야 하는지를 생각하게 합니다. 우리가 다른 사람의 일면만 보고 판단하는 것은 어쩌면 섣부른 선택을 넘어 교만함의 결과일 수 있습니다.

엘리자베스도 크게 다르지 않았습니다. 짧은 만남만으로 다아시에 대해 강한 편견을 가지게 되었으니까요. 이러한 편견은 그녀가 다아시를 객관적으로 바라보지

못하게 만들었습니다. 하지만 그녀가 자신의 판단이 잘
못되었음을 깨닫고 다아시를 다시 바라보게 되었을 때,
그들은 비로소 서로를 이해하고 진실한 사랑으로 나아
갈 수 있었습니다.

타인을 판단하고 비판하기 전에 내가 본 것이 전부
가 아닐 수 있음을 인정해야 합니다. 그리고 판단을 보
류해야 합니다. 비판은 우리에게 가장 쉬운 선택입니다.
그러나 그로 인해 손상되는 관계는 결코 쉽게 회복되지
않습니다. 영화 속 주인공들은 자신들의 오만과 편견을
벗어나는 기회를 맞이하지만 현실 속 수많은 사람들은
오해와 갈등을 끌어 안고 살아가게 되는 것이지요.

"미련한 사람은 쉽게 화를 내지만, 슬기로운 사람은
모욕을 참는다."
"함부로 말하는 사람의 말은 비수 같아도, 지혜로운
사람의 말은 아픈 곳을 낫게 하는 약이다."

이 짧은 성경 구절이 저와 여러분들의 삶 속 지침이 되기를 바랍니다. 그럴 수만 있다면 관계를 위험에 빠뜨리는 함정을 피하고 소통이 주는 행복을 누리며 사는 축복을 경험할 수 있게 될 것입니다.

—

쉽게 판단하지 마세요

타인을 비판하기 전에, 그 사람의 상황과 입장을 먼저 이해하려고 노력하세요. 성급한 판단은 오해를 낳고 관계를 손상시킬 수 있습니다.

25

마른 뼈도 살아날 수 있다

주님께서 권능으로 나를 사로잡으셨다. 주님의 영이 나를 데리고 나가서, 골짜기의 한가운데 나를 내려 놓으셨다. 그런데 그곳에는 뼈들이 가득히 있었다. 그가 나를 데리고 그 뼈들이 널려 있는 사방으로 다니게 하셨다. 그 골짜기의 바닥에 뼈가 대단히 많았다. 보니, 그것들은 아주 말라 있었다. 그가 내게 물으셨다.

"사람아, 이 뼈들이 살아날 수 있겠느냐?"

내가 대답하였다.

"주 하나님, 주님께서는 아십니다."

그가 내게 말씀하셨다.

"너는 이 뼈들에게 대언하여라. 너는 그것들에게 전하여라. '너희 마른 뼈들아, 너희는 나 주의 말을 들어라. 나 주 하나님이 이 뼈들에게 말한다. 내가 너희 속에 생기를 불어넣어 너희가 다시 살아나게 하겠다. 내가 너희에게 힘줄이 뻗치게 하고, 또 너희에게 살을 입히고, 또 너희를 살갗으로 덮고, 너희 속에 생기를 불어넣어, 너희가 다시 살아나게 하겠다. 그때에야 비로소 너희는, 내가 주인 줄 알게 될 것이다.'"

그래서 나는 명을 받은 대로 대언하였다. 내가 대언을 할 때에 무슨 소리가 났다. 보니, 그것은 뼈들이 서로 이어지는 요란한 소리였다. 내가 바라보고 있으니 그 뼈들 위에 힘줄이 뻗치고, 살이 오르고, 살 위로 살갗이 덮였다. 그러나 그들 속에 생기가 없었다.

그때에 그가 내게 말씀하셨다.

"사람아, 너는 생기에게 대언하여라. 생기에게 대언하여 이렇게 일러라. '나 주 하나님이 너에게 말한다. 너

생기야, 사방에서부터 불어와서 이 살해당한 사람들에게 불어서 그들이 살아나게 하여라.'"

그래서 내가 명을 받은 대로 대언하였더니, 생기가 그들 속으로 들어갔고, 그래서 그들이 곧 살아나 제 발로 일어나서 서는데 엄청나게 큰 군대였다.

에스겔 37장 1~10절

"사람아, 이 뼈들이 살아날 수 있겠느냐?"

에스겔 선지자는 하나님의 환상 속에서 마른 뼈가 가득한 골짜기를 보았습니다. 그곳에는 희망이라고는 찾아볼 수 없는 죽음의 광경만이 펼쳐져 있었습니다. 하나님은 에스겔에게 물으셨습니다.

"이 뼈들이 살아날 수 있겠느냐?"

에스겔은 대답했습니다.

"주 하나님, 주님께서 아십니다."

인생을 살다 보면 우리도 종종 이와 같은 절망적인 상황에 직면합니다. 모든 것이 끝난 것만 같고 다시 일어설 수 있을 것 같지 않은 순간들 말입니다. 실패와 좌절, 상실감에 빠져 더 이상의 희망이 보이지 않을 때가 있습니다. 에스겔이 그러했습니다.

기원전 593년 예루살렘이 바빌론에 정복당한 후, 제1차 바빌론 유배 때 끌려간 수많은 이스라엘 사람 중 에스겔이 있었습니다. 당시 이스라엘 백성들은 포로로 끌려가 70년간 암흑 같은 삶을 살았습니다. 그들에게 미래는 보이지 않았고, 희망은 사라진 듯했습니다. 그러나 하나님은 에스겔을 통해 '마른 뼈의 환상'을 보여주셨습니다. 죽음이 닥친 상황 속에서도 다시 살아나 새 날을 맞이할 것이라는 약속의 메시지였습니다.

"내가 너희 속에 생기를 불어넣어, 너희가 다시 살아나게 하겠다."

우리의 삶에도 이와 같은 '마른 뼈의 골짜기'가 찾아옵니다. 사업의 실패로 모든 것을 잃은 듯한 순간, 사랑하는 이를 잃고 슬픔에 빠져 지내는 시간, 병마와 싸우며 고통받는 나날들. 이럴 때 우리 일상은 에스겔이 본 마른 뼈와 같이 말라비틀어진 듯 느껴질 수 있습니다.

그러나 기억하십시오. 인생에는 언제나 새로운 기회가 찾아옵니다. 에스겔이 본 마른 뼈들이 다시 살아났듯이, 우리의 절망적인 상황도 새로운 희망으로 변화될 수 있습니다.

에스겔 선지자의 시대를 배경으로 한 노래 중 유명그룹 보니 엠Boney M의 〈바빌론 강가에서Rivers of Babylon〉가 있습니다. 바빌론 포로 시대 유대인들의 고향을 그리워하는 마음을 표현하고 있는 노래지요. 바빌론 강가에 앉아 고향을 기억하며 눈물 흘리는 유다 백성들의 모습을 가사에 담아내고 있습니다.

바빌론의 강가에서 우리는 앉아 울었네.
우리가 시온을 기억할 때 바벨론의 강가에서 우리는 앉아 울었네.

....

오, 시온의 날들로 돌아가고 싶다. 오, 시온의 날들로 돌아가고 싶다.

에스겔이 본 마른 뼈의 골짜기와 같은 절망적인 상황을 그린 곡이지만 동시에 이 노래는 희망과 회복에 대한 갈망도 담고 있습니다. 이 노래가 전 세계적으로 큰 인기를 얻은 까닭은 어려움 속에서도 희망을 잃지 않는 메시지가 많은 이들의 공감을 얻었기 때문 아닐까요?

우리 인생에 실수와 실패는 불가피합니다. 그러나 중요한 것은 그곳에 영원히 머무르지 않는 것입니다. 에스겔의 예언처럼, 우리의 마른 뼈도 다시 살아날 수 있다는 희망을 가져야 합니다. 지금 당신이 어떤 바빌론 강가에 앉아 있다 하더라도, 언젠가는 시온으로 돌아갈 수 있다는 희망을 가지세요. 절망 속에서도 희망을 발견하고, 좌절 가운데서도 다시 일어설 수 있는 용기와 힘을 얻으시기를 응원합니다.

—

희망을 놓지 마세요

현재의 상황이 아무리 어둡더라도, 바라고 원하고 꿈꾸는 대로 변화될 수 있음을 믿으세요. 큰 변화는 작은 시작에서 비롯됩니다.

26

성급함과 분노를
다스리는 지혜

성급한 사람은 말썽을 일으키고 마음에 여유 있는 사람은 싸움을 말린다.

잠언 15장 18절

성급한 사람과 사귀지 말고, 성을 잘 내는 사람과 함께 다니지 말아라.

네가 그 행위를 본받아서 그 올무에 걸려들까 염려된다.

잠언 22장 24~25절

어리석은 자는 성급하게 굴고 신중한 사람은 오래 참는다.

잠언 14장 17절

노하기를 더디 하는 자는 크게 명철하여도 마음이 조급한 자는 어리석음을 나타내느니라.

잠언 14장 29절

분을 쉽게 내는 자는 다툼을 일으켜도 노하기를 더디하는 자는 시비를 그치게 하느니라.

잠언 15장 18절

노하기를 더디 하는 사람은 용사보다 낫고, 자기의 마음을 다스리는 사람은 성을 점령한 사람보다 낫다.

잠언 16장 32절

네가 말이 조급한 사람을 보느냐 그보다 미련한 자에게 오히려 희망이 있느니라.

노하는 자는 다툼을 일으키고 성내는 자는 범죄함이 많

으니라.

잠언 29장 20~21절

하루에 여러분이 가장 많이, 그리고 자주 하는 게 무엇인지 아시나요? 아마 말일 것입니다. 아침에 가족과 나누는 짧은 인사부터 직장에서의 중요한 회의, 친구나 배우자와의 속 깊은 대화까지, 우리의 하루는 말로 가득차 있다고 해도 과언이 아닐 정도죠. 하지만 우리는 종종 말이 가진 진정한 힘과 그 영향력을 간과하고는 합니다. 성경에서도 이렇게 경고하고 있지요.

"성급한 사람과 사귀지 말고, 성을 잘 내는 사람과 함께 다니지 말아라. 네가 그 행위를 본받아서 그 올무에 걸려들까 염려된다."

말로 인해 실수하는 사람의 면면을 살펴보면 신중하게 생각하지 않고 바로바로 내뱉을 때가 많습니다. 뭐든지 빠른 피드백을 원하는 현대 사회에서 우리는 신속한 결정과 즉각적인 행동을 요구받습니다. 하지만 한 템포 쉬어 생각하는 시간을 갖는 일이 얼마나 중요한지 이미 우리는 경험을 통해 잘 알고 있습니다. 성급한 결정이 후회로 이어지는 경우를 많이 보았을 테니까요. 감정이 격해진 상태에서 던진 날카로운 말 한마디가 어떻게 상황을 악화시키는지, 반대로 차분하고 이해심 있는 대화가 어떻게 갈등을 해소하는지 아마 여러 번 목격하셨을 것입니다.

우리 주변에는 항상 성급하게 행동하거나 쉽게 화를 내는 사람들이 있습니다. 직장 동료일 수도 있고, 친구일 수도 있죠. 어쩌면 배우자나 가족일지도 모릅니다. 성경은 "성급한 사람과 사귀지 말고, 성을 잘 내는 사람과 함께 다니지 말아라"라는 말을 통해 그들과 거리를 둘 필요가 있음을 강조합니다. 그런데 여기서의 성급함과 성을 내는 것은 다른 의미가 아닙니다. 성급함은 일에 대한 조급함도 의미하지만 감정적 조급함도 포함하기 때문이죠. 자신의 감정을 나타내는 데 조급하다는 것은 곧

성을 내는 것과 다름없습니다. 잠언 22장 24~25절 말씀은 성급하게 감정을 드러내어 성을 내게 되면 결국 그것은 우리 자신에게 올무이자 위기가 될 수 있음을 경고하는 말이지요.

분노를 다스리는 기다림의 힘

분노는 우리의 삶에 많은 부정적인 영향을 미칩니다. 잠언 14장 29절에서는 "노하기를 더디 하는 자는 크게 명철하여도 마음이 조급한 자는 어리석음을 나타내느니라"고 가르칩니다. 조급한 사람은 쉽게 화를 내고, 그 결과 어리석은 행동을 하게 됩니다. 이러한 행동은 자신뿐만 아니라 주변 사람들에게도 해를 끼칠 수 있습니다. 성경은 노하기를 더디 하는 것 자체가 명철함과 지혜로움임을 이야기하고 있습니다. 분노를 조금만 참아도 갈등을 해소하고 평화를 유지할 수 있는 기회를 얻을 수 있기 때문입니다.

잠언 16장 32절에서는 "노하기를 더디 하는 사람은 용사보다 낫고, 자기의 마음을 다스리는 사람은 성을 점령한 사람보다 낫다"고 말하며, 분노를 억제하는 일이 얼마나 중요한지를 강조합니다. 분노를 다스리는 능력은 단순한 자기 통제를 넘어 타인에 대한 배려와 존중의 의미를 가지고 있기 때문입니다. 타인과 원만한 관계를 유지하는 일은 우리의 인생에서 성공과 실패를 가르는 중요한 요소에 해당됩니다.

말은 단순한 소리의 나열이 아닙니다. 그것은 관계를 만들고, 감정을 움직이며, 때로는 인생을 바꾸는 강력한 도구입니다. 지혜롭고 사려 깊은 말을 통해 우리는 더 평화롭고 풍요로운 관계와 사회를 만들어갈 수 있습니다.

여러분은 꿈과 목표를 이루고 싶나요? 그 이유 하나만으로도 성급함과 분노를 다스리는 연습은 큰 의미가 있습니다. 성급함과 분노를 다스리지 못한다면 우리의 꿈과 목표도 위기를 맞게 되고 끝내 이루지 못하게 될 것이기 때문입니다. 성급한 말, 분노에 찬 말의 영향력은 말로만 끝나지 않음을 기억해야 합니다.

—

잠시 멈추세요

화가 날 때 즉각 반응하지 말고, 잠시 멈춰 심호흡을 하세요. 그 말이 정말 필요한지, 어떤 영향을 미칠지 고민해 보는 거죠. 이 짧은 순간이 충동적인 행동을 막을 수 있습니다.

27

한 번의 작은 실수를
가벼이 여기지 말라

전에 여호수아가 백성을 보내매 이스라엘 자손이 각기 그들의 기업으로 가서 땅을 차지하였고 백성이 여호수아가 사는 날 동안과 여호수아 뒤에 생존한 장로들 곧 여호와께서 이스라엘을 위하여 행하신 모든 큰 일을 본 자들이 사는 날 동안에 여호와를 섬겼더라.

여호와의 종 눈의 아들 여호수아가 백십 세에 죽으매, 무리가 그의 기업의 경내 에브라임 산지 가아스 산 북쪽 딤낫 헤레스에 장사하였고, 그 세대의 사람도 다 그

조상들에게로 돌아갔고, 그 후에 일어난 다른 세대는 여호와를 알지 못하며 여호와께서 이스라엘을 위하여 행하신 일도 알지 못하였더라.

사사기 2장 6~10절

영화 좋아하시나요? 사람들이 영화를 즐겨 보는 이유는 다양합니다. 그중 가장 큰 이유는 현실에서 이루기 어려운 상황을 영화를 통해 이룰 수 있다는 대리만족 아닐까요? 주인공이 고난과 위기를 극복하고 결국 해피엔딩으로 끝나는 스토리를 통해 사람들은 마치 자신이 역경을 이겨낸 것 같은 통쾌함마저 느끼게 됩니다.

그런데 그런 스토리를 가진 영화를 찬찬히 살펴보면 한 가지 공통점이 있습니다. 고난이 시작되는 계기가 바로 등장인물의 사소한 실수에서 비롯된다는 점이죠. 영화 〈쥬라기 공원〉을 살펴볼까요? 최신 복제 기술로 공룡들을 되살려 운영되는 테마파크 쥬라기는 최첨단 컴퓨터로 철저히 통제되는 곳이었습니다. 그런데 공원 개장

전, 각계 전문가를 초청해 사전 공개를 하기로 한 날, 한 직원이 공룡 수정란을 비싼 값에 빼돌릴 계획을 세우고, 그 계획을 실행하기 위해 공원 내 컴퓨터 시스템 일부를 멈춥니다. 이때 태풍이 불어닥치면서 쥐라기 공원은 순식간에 공룡들의 세상이 되고, 사람들은 죽음의 위험에 놓이게 되죠.

매년 크리스마스 때마다 우리 집 안방에 찾아오는 영화 〈나 홀로 집에〉는 어떤가요? 예정된 가족 여행 직전, 주인공 케빈이 홀로 집에 남겨지면서 이야기가 시작됩니다. 둘 다 '영화'여서 망정이지 현실에서 이와 같은 상황이 벌어진다고 생각하면 상상만으로 아찔하지 않으신가요? 결코 웃음이 나는 상황은 아닐 것입니다.

그런데 이런 일이 비단 영화 속에서만 일어나는 것은 아닙니다. 현실에서도 사소한 실수 때문에 곤란에 빠지고 결국 일을 망치게 되는 경험은 수없이 많은데요. 중요한 프레젠테이션 발표가 있는 날, 알람 시계를 제대로 맞춰놓지 않아서 지각을 하는 일, 해외 출장을 떠나야 하는 날 여권을 챙기지 못해 낭패를 겪게 되는 일, 철저하게 준비한 보고서를 저장 직전에 실수로 날려 먹는 일 등 예기치 못한 실수 때문에 모든 노력이 수포로 돌아가는 일은 생각보다 잦습니다. 성경에서도 이런 상황에 대한 조언을 하고 있을 정도니까요.

한 명의 실수도 가벼이 여기지 않는다

구약 성경의 일곱 번째 책 사사기는 여호수아와 함께 가나안 정복 전쟁에 동참한 1세대가 죽은 이후, 그 후손들의 이야기를 담고 있습니다. 1세대 사람들이 모두 떠나고 없자, 이스라엘 백성들은 오랜 고난과 역경을 거쳐 가나안의 땅에 도달한 역사도 함께 잊고 살게 됩니다. 이스라엘을 지탱하는 신앙의 유산, 조상이 지켜온 삶의 기준과 원칙 역시 지키는 이가 아무도 없었습니다. 이 상황을 사사기에선 이렇게 기록합니다.

"그때는 이스라엘에 왕이 없었으므로 사람들은 저마다 자기의 뜻에 맞는 대로 행동하였다."

심지어 가나안 정복 세대의 후손들은 자신들의 신, 하나님을 잊고 다른 민족의 신을 경배하는 지경에까지 이르게 됩니다. 처음에는 한두 사람이었지만 점차 공동체 전체로 퍼져갔죠. 심지어 지도자 자리에 있는 사람들은 성적으로, 영적으로 타락한 행동을 일삼았습니다. 후손들의 잘못과 실수는 걷잡을 수 없이 커져갔고 이스라엘은 점점 위기로 빠져들고 있었습니다.

이스라엘의 변화는 하루아침에 일어난 것이 아닙니다. 누군가의 작은 일탈로 시작된 균열이 묵인되고, 그러한 모습을 닮아가는 이들이 늘어나면서 점차 공동체 전체의 가치관이 바뀌어갔습니다. 이전 세대의 가르침이 잊히고 새로운 관습이 자리 잡게 된 것입니다. 물론 모든 변화가 나쁜 것은 아닙니다. 따라서 변화해야 할 것과 지켜야 할 것을 구분하는 지혜가 필요합니다. 성경에서 이스라엘 후손들이 잃어버린 것은 그들의 정체성과 신앙의 근간이었습니다. 오늘날 우리도 변화의 흐름 속에서 놓치지 말아야 할 가치가 무엇인지 분별하고 지켜나가야 합니다.

　탈무드에 이런 이야기가 있습니다. 많은 사람들이 배를 타고 항해하고 있는데 한 남자가 자신이 앉아 있는 자리에 구멍을 뚫기 시작하죠. 놀란 사람들이 그 남자에게 이유를 묻자 그가 태연하게 말했습니다. "여기는 내 자리니 내 마음대로 무슨 짓을 해도 그만이오." 사람들의 만류에도 그는 막무가내였습니다. 그리고 얼마 후 그 구멍으로 차츰 물이 들어오기 시작하더니 배는 곧 바닷속으로 가라앉고 말았습니다.

　공동체 또는 다수가 목표를 향해 갈 때는 더더욱 실수를 경계해야 합니다. 앞선 이야기에서 볼 수 있듯 한 사람의 실수가 그룹 전체를 바닷속으로 가라앉게 만들 수도 있기 때문입니다. 자신의 생각대로 사는 것은 잘못이 아니지만 여러 사람과 함께하는 여정에서는 전체의 목표와 안위를 고려하면서 자신의 생각과 뜻을 펼쳐야 합니다.

단 한 사람의 실수나 일탈이 공동체 전체를 위험에 빠뜨릴 수 있음을 기억하십시오. 또 내가 그 한 사람이 되지 않도록 경계하고 또 경계해야 합니다. 누구나 실수를 할 수 있지만 과정으로서의 실수가 아닌, 다시는 일어설 수 없는 뼈아픈 실수도 있다는 사실을 기억하고 주어진 일에 최선을 다하는 지혜를 발휘하시길 바랍니다.

—

방심하지 마세요
사소해 보이는 실수나 일탈도 그대로 두면 큰 문제가 될 수 있습니다.

28

하나님의 네 가지 선물

사람들이 사는 동안에 기뻐하며 선을 행하는 것보다 더 나은 것이 없는 줄을 내가 알았고,

사람마다 먹고 마시는 것과 수고함으로 낙을 누리는 그 것이 하나님의 선물인 줄도 또한 알았도다.

전도서 3장 12~13절

여러분은 인생에서 무엇이 가장 중요하다고 생각하 시나요? 성공, 부, 명예, 사랑, 건강 등 다양한 답변들이

있겠지만, 결국 이 모든 것들은 '행복'이라는 하나의 큰 주제로 귀결됩니다. 우리 모두는 궁극적으로 행복한 삶을 원하기 때문입니다.

많은 사람이 종교적 가르침과 일상의 행복을 별개의 것으로 생각하곤 합니다. 특히 물질적 풍요나 개인의 즐거움을 추구하는 것이 종교적 가치와 상충된다고 여기는 경우가 있습니다. 이는 종교가 주로 영적인 측면을 강조하고 현세적 욕망의 절제를 강조하기 때문일 수 있습니다. 또한 일부 종교적 해석이 세속적 즐거움을 부정적으로 바라보는 경향이 있는 것도 사실입니다. 그러나 성경, 특히 전도서의 메시지는 일상의 축복이야말로 우리가 마땅히 누릴 하나님의 선물임을 이야기하고 있습니다.

전도서 3장 12~13절은 우리 삶의 근간이 되는 네 가지 요소를 하나님의 선물로 소개하는데요. 기쁨, 선행, 먹고 마심, 그리고 수고의 만족입니다. 이는 종교적 개념을 넘어 우리 모두가 일상에서 경험하고 추구할 수 있는 보편적 가치들입니다.

첫 번째 선물인 기쁨은 삶의 작은 순간들에서 행복을 발견하는 것입니다. 맑은 아침 하늘, 좋아하는 음악, 맛있는 저녁 식사, 사랑하는 사람의 목소리 등 일상의 소소한 순간들에서 기쁨을 찾는 능력은 우리 삶의 질을 크게 향상시킵니다.

두 번째 선물인 선행은 타인을 돕고 사회에 긍정적인 영향을 미치는 행동입니다. 따뜻한 미소, 친절한 말 한마디와 같은 작은 행동들도 모두 선행이 될 수 있습니다. 이는 타인뿐만 아니라 우리 자신에게도 깊은 만족과 기쁨을 줍니다.

세 번째 선물인 먹고 마시는 것은 단순한 생존 행위를 넘어 삶의 질을 높이는 중요한 요소입니다. 맛있는 음식을 즐기고, 가족이나 친구들과 식사를 함께하는 것은 삶의 풍요로움을 경험하게 해줍니다.

네 번째 선물은 수고함으로 낙을 누리는 것입니다. 수고의 만족은 자신의 노력으로 얻은 결과에 대한 성취감을 의미합니다. 시험 합격이나 직장에서의 승진 등 우리의 노력이 결실을 맺을 때 느끼는 기쁨은 자신감과 자존감을 높이고 삶의 의미를 깨닫게 해줍니다.

이 네 가지 요소는 서로 균형을 이루며 우리 삶을 풍요롭게 만듭니다. 성경은 이러한 일상의 즐거움과 만족이 하나님의 선물이라고 말하며, 우리 삶이 고난의 연속만이 아니라 감사와 기쁨의 요소들로 가득 차 있음을 강조합니다. 이는 우리가 현실 속에서 어떻게 더 의미 있는 삶을 살 수 있는지에 대한 지혜를 제공하며, 개인의 행복을 넘어 타인과 나누고 선한 영향력을 미치는 삶으로 이어질 수 있게 합니다.

하나님의 네 가지 선물을 일상에서 누리는 법에 대

해서도 알아볼까요? 첫째, 매일 감사일기를 쓰며 일상의 작은 기쁨들을 기록해 보세요. 잠에서 깨어날 때의 상쾌함, 좋아하는 음악을 들을 때의 즐거움, 친구와의 대화에서 느끼는 따뜻함 등 평범한 일상에서 기쁨을 발견하는 습관을 들이세요.

둘째, 자신을 돌보고 존중하는 시간을 가지세요. 진정한 자기애는 타인에 대한 사랑으로 자연스럽게 이어집니다. 그런 다음, 매주 한 번씩 타인을 위한 무언가를 해보세요. 이웃에게 따뜻한 미소를 건네는 것부터 시작해서, 지역 사회를 위한 봉사활동에 참여하는 것까지 모든 선행은 의미 있습니다.

셋째, 식탁에서 마음을 나누는 즐거움을 경험해 보세요. 특히 가족과의 식사는 매우 중요합니다. 가족과 함께 맛있는 음식을 누리며 대화를 나누는 것은 관계를 돈독히 하고 서로를 이해하는 데 큰 도움이 됩니다.

마지막으로 최선을 다해 일하고 난 뒤 땀과 노력이 주는 기쁨을 누려보세요. 열심히 일하는 과정 자체에서 기쁨을 찾는다면, 우리에게 주어진 시간을 낭비하지 않고 더욱 의미 있게 사용할 수 있을 것입니다.

—

행복이 가까이 있음을 기억하세요

손을 뻗으면 닿을 만큼 가까운 곳에 의미 있는 행복이 가득 차 있습니다. 나와 내 곁에 있는 이들을 소중히 여기고, 하루 세 끼 맛있는 음식을 즐기며 열심히 일하는 평범한 일상 속에서 벅찬 행복을 발견하시기 바랍니다.

29

복과 저주가
우리 앞에 놓여 있다

내가 오늘 복과 저주를 너희 앞에 두나니, 너희가 만일 내가 오늘 너희에게 명하는 너희의 하나님 여호와의 명령을 들으면 복이 될 것이요, 너희가 만일 내가 오늘 너희에게 명령하는 길에서 떠나 너희의 하나님 여호와의 명령을 듣지 아니하고 본래 알지 못하던 다른 신들을 따르면 저주를 받으리라.

신명기 11장 26~28절

우리 앞에는 항상 두 갈래 길이 놓여 있습니다. 하나는 우리의 목표와 가치관에 부합하는 길이고, 다른 하나는 그에서 벗어나는 길입니다. 전자를 따르면 우리가 원하는 미래에 가까워지고, 후자를 선택하면 그로부터 멀어집니다. 때로는 작은 선택이, 때로는 큰 선택이 우리의 미래를 결정짓습니다. 매일의 선택은 삶의 방향을 바꾸고, 더 나아가 우리의 운명을 형성합니다. 성경은 이러한 중요한 선택의 순간들을 어떻게 다뤄야 하는지 명확히 알려줍니다.

선택의 중요성을 잘 보여주는 사람으로 아마존의 창업자 제프 베이조스를 들 수 있습니다. 1994년 베이조스는 안정적인 월가의 직장을 그만두고 온라인 서점 사업에 뛰어들겠다는 큰 결정을 내립니다. 당시 인터넷 사업 환경은 매우 불안했고, 많은 이들이 그의 결정을 의문에 찬 눈으로 바라보았죠. 그러나 베이조스는 인터넷의 잠재력을 믿었고 매일 작은 진전을 이뤄내며 자신의 비전을 향해 앞으로 나아갔습니다.

베이조스의 선택은 오로지 사업적 성공을 위한 결정이 아니었습니다. 그는 "80세가 되었을 때 후회하지 않을 선택을 하라"는 자신의 가치관에 부합하는 삶의 원칙을 따르고자 했습니다. 이는 성경에서 말하는 "여호와의 명령을 듣는 것"과 맥을 같이 합니다.

오늘 이후의 시간은 누구도 정확히 예측할 수 없습니다. 그러나 오늘을 어떻게 보내느냐에 따라 미래는 크게 달라질 수 있습니다. 우리가 지켜야 할 원칙, 목표를 향한 꾸준한 노력, 그리고 성공한 이들의 발자취는 모두 중요한 지침이 됩니다. 우리가 꿈을 향해 나아갈 수 있도록 해주는 든든한 지원군인 셈이죠.

베이조스의 경우 '고객 중심'이라는 원칙을 철저히 지켰고, 장기적 관점에서 사업을 운영했습니다. 단기적 이익보다는 고객 만족과 혁신에 집중했고, 이는 결과적으로 아마존을 세계적인 기업으로 성장시켰습니다.

우리의 선택이 항상 완벽할 수는 없습니다. 베이조스도 여러 번의 실패와 도전을 겪었습니다. 그러나 중요한 것은 그러한 경험에서 배우고, 다시 올바른 길로 돌아왔다는 것입니다. 성경에서 말하는 '복'은 단순한 물질적 풍요가 아니라, 우리가 추구하는 가치 있는 삶을 살아가는 것을 의미합니다.

매일의 선택이 모여 우리의 미래를 만듭니다. 목표를 향한 작은 진전은 복이 되어 돌아오고 그에서 벗어나는 행동은 우리를 원하는 곳에서 멀어지게 합니다. 이것이 바로 '복과 저주'의 현대적 의미일 것입니다.

우리는 매일 이러한 선택의 기로에 서 있습니다. '복과 저주가 우리 앞에 놓여 있다'는 성경 말씀은 매우 현실적인 경고입니다. 직장에서의 업무 처리 방식, 가족과의 대화, 여가 시간의 활용 등 모든 순간이 우리의 미래를 좌우하는 선택입니다. 중요한 것은 이러한 선택들이 우리의 궁극적인 목표와 가치관에 부합하는지 끊임없이 점검하는 일입니다. 제프 베이조스의 이야기에서 보듯이, 우리의 선택은 개인의 성공을 넘어 세상을 변화시킬 수 있는 힘을 가지고 있습니다. 오늘 하루, 그리고 내일을 어떻게 살아갈지는 우리의 몫입니다.

오늘 당신의 선택은 어떠했습니까? 현명한 선택으로 복된 미래를 만들어가는 지혜의 선택이었나요, 아니면 후회의 순간으로 기억될 잘못된 선택이었나요? 지금이 기회입니다. 우리의 미래를 결정할 '선택을 선택할 수 있는 기회' 말입니다. 부디 현명한 선택으로 여러분의 미래를 밝히셨으면 좋겠습니다.

—

삶의 멘토를 찾으세요

베이조스의 '고객 중심' 철학처럼, 성공한 사람들의 원칙을 따라가는 것은 우리를 옳은 방향으로 인도할 수 있습니다.

30

남들이 하는 말에
마음을 쓰지 말라

남들이 하는 말에 마음을 쓰지 말아라.

자칫하다가는 네 종이 너를 욕하는 것까지 듣게 된다.

너 또한 남을 욕한 일이 많다는 것을

너 스스로 잘 알고 있다.

전도서 7장 21~22절

타인의 평가와 비판에서 자유로운 사람이 이 세상
에 존재할 수 있을까요? 직장과 가정, 심지어 온라인 공간에서도 우리는 타인의 의견과 비판에 노출됩니다. 이러한 평가의 홍수 속에서 자신의 가치를 타인의 시선에 맞추려 애쓰거나, 반대로 모든 비판을 무시하려는 극단적인 태도를 취하게 되는 경우가 있는데요. 이런 외부의 목소리들은 우리의 내면을 흔들고 자존감을 떨어뜨리며, 불필요한 스트레스를 유발하기도 합니다. 모든 의견을 완전히 무시하는 것도 문제지만 무조건 수용하는 것도 건강한 태도라고는 할 수 없습니다.

타인의 말로부터 자유로워지기

모든 사람을 만족시키는 것은 불가능한 일입니다. 그것이 우리 삶의 목표가 되어서도 안 됩니다. 자신의 가치관과 신념에 따라 살아가며, 비판에 주도적으로 대처할 수 있어야 합니다. 타인의 의견에 휘둘리지 않고 자신의 판단과 가치관을 지키는 것은 건강한 자아와 자존감의 토대가 됩니다. 동시에 건설적인 비판을 수용할 줄 아는 열린 마음을 갖는 것도 중요합니다. 이는 우리가 균형 잡힌 존재로 성장하고 발전할 수 있는 기회를 제공하기 때문입니다. 이러한 상황에서 전도서의 말씀은 우리에게 타인의 말, 외부의 소음으로부터 자유로워질 것을 권합니다.

"남들이 하는 말에 마음을 쓰지 말아라. 자칫하다가는 네 종이 너를 욕하는 것까지 듣게 된다."

자기 성찰을 통한 성장

전도서의 말씀은 우리 또한 다른 이를 비판하고 비난한 적이 있음을 상기시킵니다. "너 또한 남을 욕한 일이 많다는 것을 너 스스로 잘 알고 있다."

자기 성찰의 과정은 우리를 성숙한 인격체로 성장시키며, 타인과의 관계에서도 더 너그럽고 지혜로운 태도를 갖게 해줍니다. 우리가 타인을 비난했던 순간들을 기억하며 살아간다면 쉽게 타인을 평가하거나 무시하지 않고 더 큰 이해와 공감의 자세를 가질 수 있기 때문입니다.

내면의 평화 찾기

타인의 말에 휘둘리지 않고 내면의 중심을 잡는 것과 자신의 행동을 돌아보며 성장하는 것, 이 두 가지는 우리 삶을 진정한 성숙의 단계로 이끌어줍니다. 이러한 과정은 결코 단기간에 이루어지지 않습니다. 지속적인 노력과 인내가 필요한 일입니다. 성경을 백독하고 천독한다고 해서 우리를 성인으로 만들어주는 것은 아닙니다. 다만, 이 과정의 필요성을 인식하고 노력하는 사람은 점차 외부의 영향에 덜 흔들리고, 더욱더 주도적인 가치와 판단력을 세워갈 수 있음에는 분명합니다.

완전한 내면의 평화, 모든 일에 있어 자유로운 선택을 한다는 것은 어쩌면 영원히 도달할 수 없는 목적, 방향성일 수 있습니다. 그러나 그것을 추구하는 삶을 통해 매일 조금씩 성장하고, 삶의 질을 높이며, 더 풍요롭게 살아갈 수 있다는 것 자체가 우리에게는 의미 있는 일이 될 것입니다.

—

디지털 디톡스하세요

소셜 미디어 사용 시간을 제한하고, 그 대신 자신의 가치관과 목표에 집중하는 시간을 늘리세요. 이는 불필요한 비교와 스트레스를 줄이는 데 효과적입니다. 묵상이나 기도 등을 통해 매일 내면의 평화를 찾는 시간을 가지면 자신만의 중심을 세워가는 데 큰 도움이 됩니다.

31

목표를 이루지 못함도 영광이다

모세가 가나안 땅 여리고 맞은편에 있는 비스가 산꼭대기에 이르자 여호와께서는 그에게 약속의 가나안 땅을 보여주신 후 말씀하셨다. "이것은 내가 아브라함과 이삭과 야곱에게 맹세하여 그들의 후손들에게 주겠다고 약속한 땅이다. 그러나 너는 그리로 들어가지 못할 것이다." 얼마 지나지 않아 모세는 모압 땅에서 죽었다. 모압 땅의 벧-브올 맞은편 골짜기에 그를 장사하였으나 오늘날까지도 그의 무덤을 정확하게 아는 자가 없다고 성경은 전한다. 모세가 죽을 때 그의 나이 120세였으나 그는 눈도 흐리지 않았고 기력이 쇠하지도 않았다. 이스라엘 백성은 모압 평야에서 30일 동안 그의 죽음을 애도하였다. 모세는 여호와의 보내심을 받아 이집트에서 바로와 그의 모든 신하들과 그의 온 땅에 놀라운 기적과 큰 능력을 행한 사람이었고 그 후로 이스라엘에는 모세와 같은 예언자가 없었다.

신명기 34장 1~10절

모세는 40년간 광야를 헤매며 약속의 땅을 향해 나아갔습니다. 그러나 그는 결국 가나안 땅에 발을 딛지 못한 채 생을 마감합니다. 오늘날의 관점으로 본다면 목표를 이루지 못한, 실패한 사람처럼 보일 수 있습니다. 하지만 과연 그럴까요?

현대 사회에서도 이와 비슷한 상황을 흔히 볼 수 있습니다. 스티브 잡스는 애플을 세계적인 기업으로 성장시켰지만, 자신이 꿈꾸던 또 다른 많은 혁신적인 제품들을 직접 선보이지 못한 채 세상을 떠났습니다. 그러나 우리는 그의 삶을 실패라고 말하지 않습니다. 오히려 그의 비전과 열정, 그리고 그가 만들어낸 변화를 높이 평가합니다.

모세의 경우도 마찬가지입니다. 비록 가나안 땅에 들어가지 못했지만, 그의 리더십과 헌신으로 인해 이스라엘 민족은 새로운 시대를 맞이할 수 있었습니다. 그의 여정 자체가 후대에 귀중한 교훈과 영감을 주는 유산이 되었음은 물론이지요.

우리 삶에서도 마찬가지입니다. 목표를 달성하는 일만이 성공을 결정짓는 것은 아닙니다. 때로는 그 과정에서 얻는 경험, 노력, 그리고 주변에 미치는 영향력이 더 큰 가치를 지닐 수 있습니다. 큰 사업가를 꿈꾸던 사람이 자신이 바라던 대기업을 일구지 못했다고 한다면 그는 실패한 것일까요? 실패라고 볼 수 있는 부분은 분명 있습니다. 당사자의 아쉬움도 클 수 있습니다. 그러나 그것만이 전부가 아닙니다. 그 과정에서 많은 이들에게 일자리를 제공하고 혁신적인 아이디어를 세상에 선보였다면 그의 성취는 충분히 값진 것입니다. 올림픽에서 금메달을 따지 못한 운동선수라도, 그의 도전 정신과 끈기가 많은 젊은이들에게 영감을 주었다면 그의 여정은 충분히 가치 있는 것입니다. 이것은 정신 승리가 아닙니다. 인생의 가치를 바라보는 참된 지혜의 기준에 관한 이야기입니다.

우리는 꿈을 향해 나아가는 과정에서 눈에 보이는 목표와 눈에 보이지 않는 가치로서의 목표가 연결되어 있는지를 살펴야 합니다. 건강, 부, 명예와 같은 외적인 목표도 중요하지만 그 과정에서 우리의 인격, 관계, 그리고 타인에 대한 영향력과 같은 내적 가치들이 희생되어서는 안 됩니다.

모세는 가나안 땅에 들어가지 못해 실망했을지도 모릅니다. 그러나 그의 아쉬움은 오래가지 않았을 것입니다. 왜냐하면 자신이 이끈 백성들이 그곳에 들어갈 것을 알았기 때문입니다. 그의 삶은 개인의 성취를 넘어 공동체의 미래를 위한 헌신이었습니다.

우리가 세운 목표를 이루지 못하더라도 그 과정에서 성장하고, 다른 이들에게 긍정적인 영향을 미쳤다면 그것만으로도 우리의 삶은 충분히 의미 있고 영광스러운 것입니다. 만족스럽지 못한 결과를 맺더라도 삶의 의미를 가치 있게 만드는 최선의 노력으로 오늘을 채워가시기 바랍니다.

—

과정의 가치를 인정하세요

목표를 향해 나아가는 과정에서 얻는 경험과 배움의 가치를 인정하세요. 실패나 좌절 속에서도 배울 점을 찾고, 그 과정 자체를 긍정적으로 받아들이세요. 작은 성취도 큰 의미를 지닐 수 있습니다.

32

들어와도 복을 받고
나가도 복을 받는 조건

당신들은 성읍에서도 복을 받고, 들에서도 복을 받을 것입니다. 당신들의 태가 복을 받아 자식을 많이 낳고, 땅이 복을 받아 열매를 풍성하게 내고, 집짐승이 복을 받아 번식할 것이니, 소도 많아지고 양도 새끼를 많이 낳을 것입니다. 당신들의 곡식 광주리도 반죽 그릇도 복을 받을 것입니다. 당신들은 들어와도 복을 받고, 나가도 복을 받을 것입니다.

당신들에게 대항하는 적들이 일어나도, 주님께서는 당

신들이 보는 앞에서 그들을 치실 것이니, 그들이 한 길로 쳐들어왔다가 일곱 길로 뿔뿔이 도망칠 것입니다. 주님께서 명하셔서, 당신들의 창고와 당신들의 손으로 하는 모든 일에 복이 넘치게 하실 것입니다. 그리하여 주 당신들의 하나님이 당신들에게 주시는 땅에서 당신들에게 복을 주실 것입니다.

당신들이 주 당신들의 하나님의 말씀을 귀담아 듣고, 내가 오늘 당신들에게 명한 그 모든 명령을 주의 깊게 지키면, 주 당신들의 하나님이 당신들을 세상의 모든 민족 위에 뛰어나게 하실 것입니다. 당신들이 주 당신들의 하나님의 말씀에 순종하면, 이 모든 복이 당신들에게 찾아와서 당신들을 따를 것입니다.

신명기 28장 1~8절

우리는 매일 아침 학교나 직장에 가기 위해서 집을 나서고, 때로는 새로운 도전을 위해 익숙한 환경을 떠나기도 합니다. 이 모든 순간에서 우리는 '복'을 경험할 수 있을까요?

신명기 28장의 말씀은 우리에게 흥미로운 관점을 제시합니다. "당신들은 들어와도 복을 받고, 나가도 복을 받을 것입니다." 여기서 말하는 복이란 물질적인 풍요나 성공만을 의미하지는 않습니다. 물론 그러한 복도 우리가 누릴 축복 중 하나임에는 분명합니다. 다만 성경이 말하는 복은 그보다 크고 넓습니다. 삶의 모든 순간, 모든 장소에서 의미와 가치를 발견할 수 있다는 깊은 통찰을 담고 있습니다.

인생의 복리 효과

우리는 종종 성공한 사람들의 이야기를 듣습니다. 그들의 눈부신 성취가 '하루아침에 이루어진 것처럼' 느껴질 때가 있죠. 하지만 진정한 성공의 이면에는 우리가 보지 못한 오랜 시간의 노력과 인내가 숨어 있습니다. 이것이 바로 인생의 복리 효과입니다.

복리 효과란 매일의 작은 노력과 선택들이 시간이 지나면서 기하급수적으로 커지는 현상을 말합니다. 처음에는 그 변화가 미미해 보일 수 있지만 시간이 지나면서 우리가 상상하지 못했던 큰 결실로 이어지는 것입니다. 복리 효과는 우리 삶 전반에 적용되는 강력한 원리입니다. 그러나 이러한 복리 효과를 제대로 누리기 위해서는 한 가지 중요한 전제조건이 있습니다. 바로 흔들리지 않는 원칙과 기준을 가지고 있어야 한다는 것입니다. 성경에서는 이를 '하나님의 말씀'이라고 표현합니다. 현대적 관점에서 보자면 우리가 삶에서 반드시 지켜나가야 할 핵심 가치와 원칙을 의미한다고 말할 수 있습니다.

여러분의 삶에서 그 '말씀', 즉 핵심 원칙은 무엇입니까? 정직? 끈기? 타인에 대한 존중? 혹은 지속적인 자기 계발? 이러한 원칙들이 여러분의 모든 결정과 행동의 기준이 될 때, 여러분은 진정한 인생의 복리 효과를 경험할 수 있습니다.

이 원칙들은 우리를 두 가지 측면에서 지켜줍니다. 첫째, 목표한 결과가 바로 나타나지 않을 때 포기하지 않게 해줍니다. 둘째, 예상치 못한 큰 성공을 거뒀을 때 중심을 잃지 않게 해줍니다. 즉 성공할 때나 실패할 때 모두 자신만의 굳고 단단한 심지를 가지고 있어야 흔들리지 않는다는 뜻입니다. 자신의 삶에서 결코 타협할 수 없는 원칙을 갖는다는 건 장기적인 성공과 만족을 위해 필수적입니다.

우리에게 주어진 과제는 자신의 핵심 원칙을 명확히 정립하는 것입니다. 그리고 이 원칙을 일상의 모든 순간에 적용하는 연습을 해야 합니다. 처음에는 어렵고 때로는 손해를 보는 것 같은 느낌이 들 수도 있습니다. 하지만 이것이 바로 복리 효과의 시작입니다.

만일 정직을 핵심 가치로 삼았다면, 작은 거짓말로 당장의 이득을 볼 수 있는 상황에서도 진실을 선택해야 합니다. 자기 계발을 중요하게 여긴다면, 아무리 피곤하더라도 매일 조금씩 학습하는 시간을 가져야 합니다. 이러한 작은 선택들이 쌓여 여러분의 인격을 형성하고, 주변 사람들의 신뢰를 얻게 하며, 결국 큰 성과로 이어지게 됩니다.

복리 효과는 단순한 희망 사항이 아닙니다. 그것은 올바른 원칙을 꾸준히 실천할 때 반드시 경험하게 되는 삶의 법칙입니다. 지금 당장 큰 성과를 보지 못하더라도 낙심하지 마세요. 여러분이 선택한 원칙이 옳다면, 그리고 그 원칙을 꾸준히 지켜나간다면, 언젠가는 반드시 놀라운 결실을 맺게 될 것입니다.

오늘, 여러분의 삶을 이끄는 핵심 원칙은 무엇인지 돌아보세요. 그리고 그 원칙을 일상의 작은 선택들 속에서 실천해 나가세요. 그것이 바로 여러분 삶의 복리 효과를 만들어내는 시작점이 될 것입니다. 시간이 지나 여러분의 노력이 차곡차곡 쌓이게 되면 상상도 못했던 축복과 성공을 경험하게 될 것입니다. 이것이 바로 '들어

와도 복을 받고 나가도 복을 받을 것이다'라는 말의 진
정한 의미입니다.

—

감사하는 마음을 가지세요

현재의 상황에 감사하는 마음은 더 큰 복을 부르는 자석과 같습니
다. 작은 것에도 감사할 줄 아는 사람에게 더 큰 복이 찾아옵니다.

33

실천은 어렵지 않다

오늘 내가 당신들에게 내리는 이 명령은 당신들이 실천하기 어려운 것도 아니고, 당신들의 능력이 미치지 못하는 것도 아닙니다. 이 명령은 하늘 위에 있는 것도 아니고 바다 건너에 있는 것도 아닙니다. 그 명령은 당신들의 아주 가까운 곳에 있습니다. 당신들의 입에 있고 당신들의 마음에 있으니, 당신들이 그것을 실천할 수 있습니다.

신명기 30장 11~14절

많은 사람들이 자기 계발이나 삶의 변화를 위해 거창한 계획을 세우곤 합니다. 새해가 되면 1년에 책 100권 읽기, 20킬로그램 감량 같은 목표를 책상 앞에 붙여두기도 하죠. 하지만 대부분의 경우, 이런 큰 계획들은 실행되지 못한 채 흐지부지되고 맙니다. 왜 그럴까요? 그것은 우리가 실천을 너무 어렵고 큰 것으로 생각하기 때문입니다.

실천의 본질은 우리의 일상 속 작은 행동들에 있습니다. "그 명령은 당신들에게 아주 가까운 곳에 있습니다. 당신들의 입에 있고 당신들의 마음에 있으니, 당신들이 그것을 실천할 수 있습니다"라는 성경의 말씀은 우리가 실천해야 할 것들은 멀리 하늘에 있거나 바다 건너에 있는 것이 아니라고 강조합니다. 우리 마음속에 있는 작은 다짐들, 친절한 행동, 그리고 긍정적인 변화의 의지가 바로 실천의 출발점입니다.

작은 행동부터 시작하기

우리는 운동이 건강에 좋다는 것을 알고 있습니다. 하지만 많은 사람들이 운동을 시작하지 못하는 이유는 무엇일까요? 그들은 운동을 매일 한 시간씩 헬스장에 가는 것처럼 대단하고 거창한 일로 생각하기 때문입니다. 하지만 실제로 운동은 하루에 5분씩 스트레칭을 하는 것에서부터 시작할 수 있습니다. 이것이 바로 우리 마음에 있는 작은 행동입니다.

독서의 습관을 들이고 싶어 하는 사람들도 마찬가지입니다. 많은 사람들이 매일 100페이지씩 읽겠다, 매일 한 권의 책을 100일간 읽겠다는 큰 목표를 세우지만, 대부분 실천하지 못합니다. 독서 습관은 하루에 단 한 페이지를 읽는 것에서부터 시작할 수 있습니다. 중요한 것은 큰 일을 단번에 해내기보다 작은 일을 시작하고 지속하는 것입니다. 이 작은 행동이 지속될 때, 큰 변화는 뒤따라오는 법입니다.

꾸준함의 힘

실천에서 중요한 것은 꾸준함과 지속성입니다. 작은 행동이라도 매일 꾸준히 반복될 때, 그것은 우리의 습관이 되고 우리의 인생을 변화시킵니다.

다시 강조하지만, 실천은 어렵지 않습니다. 우리 마음속에 이미 존재하는 작은 행동들에서 시작하면 되기 때문입니다. 이 작은 행동들을 매일 조금씩 실천해 나갈 때 우리의 삶은 서서히, 그러나 확실하게 변화할 것입니다. 오늘부터 여러분의 마음속에 있는 작은 행동 하나를 선택하고 실천해 보세요. 그것이 바로 더 나은 삶으로 가는 첫걸음입니다.

—

작은 행동들에 귀를 기울이세요

잠자리에 들기 전 3분간 지난 하루를 돌아보며 일기를 쓰거나, 매일 아침 스트레칭을 하는 것처럼 기존의 습관에 새로운 작은 행동을 연결해 보세요. 새로운 내일이 찾아올 것입니다.

34

성공은 혼자 이룰 수 없다

왕이 환관장 아스부나스에게 말하여 이스라엘 자손 중에서 왕족과 귀족 몇 사람, 곧 흠이 없고 용모가 아름다우며 모든 지혜를 통찰하며 지식에 통달하며 학문에 익숙하여 왕궁에 설 만한 소년을 데려오게 하였고 그들에게 갈대아 사람의 학문과 언어를 가르치게 하였고 또 왕이 지정하여 그들에게 왕의 음식과 그가 마시는 포도주에서 날마다 쓸 것을 주어 3년을 기르게 하였으니 그후에 그들은 왕 앞에 서게 될 것이더라. 그들 가운데는 유다 자손 곧 다니엘과 하나냐와 미사엘과 아사랴가 있었더니 환관장이 그들의 이름을 고쳐 다니엘은 벨드사살이라 하고 하나냐는 사드락이라 하고 미사엘은 메삭이라 하고 아사랴는 아벳느고라 하였더라. 다니엘은 뜻을 정하여 왕의 음식과 그가 마시는 포도주로 자기를 더럽히지 아니하리라 하고 자기를 더럽히지 아니하도록 환관장에게 구하니 하나님이 다니엘로 하여금 환관장에게 은혜와 긍휼을 얻게 하신지라.

다니엘 1장 6~9절

왕이 이에 다니엘을 높여 귀한 선물을 많이 주며 그를 세워 바빌론 온 지방을 다스리게 하며 또 바빌론 모든 지혜자의 어른을 삼았으며 왕이 또 다니엘의 요구대로 사드락과 메삭과 아벳느고를 세워 바빌론 지방의 일을 다스리게 하였고 다니엘은 왕궁에 있었더라.

다니엘 2장 48~49절

주말이면 콘서트장과 야구 경기장은 열정적인 관객

들로 가득 찹니다. 사람들은 좋아하는 음악가의 연주에 환호하며 일상의 고민을 잊고, 음악과 하나되는 즐거움을 만끽합니다. 야구장에서는 관중들이 선수들의 움직임 하나하나에 반응하며, 함성과 박수로 응원합니다. 평소엔 점잖은 어른들도 이곳에선 아이처럼 순수한 모습을 보입니다.

이런 공연과 경기의 주인공은 누구일까요? 무대 위의 연주자나 선수들일까요? 아닙니다. 관객과 응원단 모두가 주인공입니다. 연주자 없는 관객, 관객 없는 연주자는 의미가 없듯이, 이들이 하나가 될 때 비로소 진정한 가치가 생깁니다.

이는 무대 뒤에서도 마찬가지입니다. 음향 전문가, 조명 담당자, 마케터 등 모든 스태프의 노력이 조화를 이룰 때 성공적인 공연이 만들어집니다. 야구 경기에서도 각 포지션의 선수들, 감독, 코치진 모두가 제 역할을 다해야 승리를 거둘 수 있습니다.

우리의 인생도 이와 다르지 않습니다. '이것만 하면 성공한다'는 말은 환상에 불과합니다. 예상치 못한 요소들이 우리 인생의 방향을 바꾸기 때문입니다. 따라서 우리는 성공을 위한 다양한 요소들을 갖추고, 혼자 채울 수 없는 부분을 함께 보완해 줄 사람들과 연대해야 합니다. 서로의 장단점을 보완하는 관계가 성공과 실패를 가르는 핵심이 됩니다.

서로 믿고 의지하는 사람들의 힘

성경 속 다니엘과 그의 세 친구의 이야기는 관계의 힘을 잘 보여줍니다. 다니엘은 바빌론 침공으로 포로가 되어 벨드사살이라는 이름으로 살아야 했습니다. 히브리인의 전통과 문화를 중요하게 여기던 그에게 이는 큰 고통이었지만, 그는 자신의 신앙과 가치를 지키기 위해 노력했습니다. 동시에 포로 신분에서의 의무도 소홀히 하지 않았고, 결국 능력을 인정받아 바빌론에서 공직자

이자 선지자로 일하게 됩니다.

다니엘의 세 친구 하나냐, 미사엘, 아사랴(바빌론 이름으로 사드락, 메삭, 아벳느고)도 비슷한 상황에 처했습니다. 바빌론은 회유책으로 히브리인들에게 좋은 대우를 제안했지만 다니엘과 그의 친구들은 이를 거부했습니다. 죽음을 각오해야 하는 어려운 선택이었지만, 그들은 자신들의 신념을 굽히지 않았습니다.

이들의 선택을 가능하게 한 것은 굳건한 믿음과 서로간의 관계였습니다. 히브리인에게 가장 중요한 것은 하나님과의 관계이지만 실제로 그 믿음을 지켜갈 수 있었던 큰 힘은 동료들에게서 나왔습니다. 많은 히브리인들이 바빌론의 회유에 넘어갔지만 다니엘과 그의 친구들은 서로를 지지하며 어려운 길을 함께 걸어갔습니다.

홀로 걷는 길은 외롭고 힘들 수 있지만 뜻을 함께하는 이들이 있다면 그 여정은 견딜 만한 것이 됩니다. 무거운 짐도 함께 나누면 감당할 수 있는 것처럼 인생의 어려움도 서로 믿고 의지하는 관계 속에서 극복해 나갈 수 있습니다. 나 하나 잘한다고 이룰 수 있는 일은 많지 않습니다. 서로, 함께, 어울림을 이뤄갈 때 우리는 가치를 지키며 나아갈 수 있습니다.

황제펭귄의 허들링이 필요할 때

남극의 10월은 잔인합니다. 영하 50도를 넘나드는 추위, 시속 60킬로미터가 넘는 눈보라가 몰아치기 때문입니다. 10월이면 모든 생명체들은 생존을 위해 남극을 떠납니다. 그런데 이때 일부러 이곳을 찾는 동물이 있습니다. 바로 황제펭귄입니다. 황제펭귄이 남극을 선택한 이유는 역설적이게도 '생존' 때문입니다. 냉혹한 환경이지만 천적들이 모두 떠난 이 극한 상황은 도리어 기회가 되어줍니다. 알을 안전하게 낳을 수 있기 때문이죠. 물론 추위는 그들에게도 혹독한 시련입니다. 그래서 그들은 서로 몸을 밀착시켜 체온을 유지하기 위해 힘씁니다. 럭비선수들의 대형처럼 스크럼을 짜고 안쪽과 바깥쪽의 펭귄들이 자리를 조금씩 바꿔가는 허들링Hudling으로 극한의 추위를 버팁니다. 그 시간을 견디면 자연은 그들에게 새 생명을 선물합니다. 남극의 환경은 고난인 동시에 그들에게 새로운 시작의 마중물이 되어줍니다. 우리 모두는 인생이라는 여정에서 혹독한 겨울을 만납니다. 그때 우리에게 필요한 것은 황제펭귄의 허들링과 같은 협력과 연대입니다. 함께할 때, 우리는 어떤 어려움도 극복하고 새로운 기회를 만들어낼 수 있습니다.

—

함께의 힘을 믿으세요

혼자 할 수 없는 일도 함께하면 가능해집니다. 자신의 약점을 보완해 줄 수 있는 사람들과 협력하세요. 힘든 시기일수록 주변 사람들과 힘을 모으고 서로 지지해 주세요.

35

당신의 격이 경쟁력이다

기브온에서 밤에 여호와께서 솔로몬의 꿈에 나타나시니라 하나님이 이르시되 내가 네게 무엇을 줄까 너는 구하라. 솔로몬이 이르되 "주의 종 내 아버지 다윗이 주께 성실과 공의와 정직한 마음으로 주와 함께 주의 앞에서 행하므로 주께서 그에게 큰 은혜를 베푸셨고 주께서 또 그를 위하여 이 큰 은혜를 항상 주사 오늘과 같이 그의 자리에 앉을 아들을 그에게 주셨나이다. 나의 하나님 여호와여 주께서 종으로 종의 아버지 다윗을 대신하여 왕이 되게 하셨사오나 종은 작은 아이라 출입할 줄을 알지 못하고 주께서 택하신 백성 가운데 있나이다. 그들은 큰 백성이라 수효가 많아서 셀 수도 없고 기록할 수도 없사오니, 누가 주의 이 많은 백성을 재판할 수 있사오리까. 듣는 마음을 종에게 주사 주의 백성을 재판하여 선악을 분별하게 하옵소서!"

열왕기상 3장 5~9절

지혜가 제일이니 지혜를 얻으라. 네가 얻은 모든 것을 가지고 명철을 얻을지니라.

잠언 4장 7절

나이가 들어가면서 우리는 종종 부와 명예, 지위와 권력 같은 성공에 집착하게 됩니다. 하지만 진정한 성공은 외적인 성취 이상의 것을 요구합니다. 그것은 바로 우리의 삶을 이끄는 내적인 나침반, 즉 지혜와 분별력을 갖는 일입니다.

우선순위가 분명한 사람은 모든 일에 철두철미합니다. 그들은 시간에 쫓기지 않고, 가장 중요한 일에 집중하며 하루, 나아가 인생을 주도적으로 운영합니다. 이는 시간 관리 기술이 아니라 삶의 본질을 꿰뚫어 보는 지혜에서 비롯됩니다.

비즈니스 세계를 보면 이 원리가 더욱 분명해집니다. '돈과 고객은 쫓아가면 도망간다'는 말이 있습니다. 겉보기에는 사람을 끌어모으고 많은 수익을 얻는 일이 가장 중요해 보일 수 있지만, 진정한 사업가는 그 너머를 봅니다. 그들은 사업의 지속적인 번영과 건전한 운영을 가장 중요하게 여깁니다. 이것이 바로 분별력의 힘입니다.

성경에서 솔로몬의 이야기는 이 원리를 잘 보여줍니다. 그가 왕위에 올랐을 때 하나님은 그에게 무엇이든 구하라고 하셨고 그는 지혜를 선택했습니다. 이러한 선택의 순간은 우리 삶에서도 자주 마주치게 됩니다. 승진의 기회, 새로운 사업 제안, 또는 중요한 인생의 갈림길에서 우리는 선택을 해야 합니다. 이때 우리는 무엇을 가장 중요하게 여겨야 할까요? 솔로몬처럼 지혜를 선택한다는 것은 단기적인 이익보다는 장기적인 가치를, 개인의 영광보다는 공동체의 이익을 우선시한다는 의미일 것입니다. 솔로몬은 부나 명예 대신 백성을 다스릴 지혜를 구했습니다. 그리고 이 선택은 그와 이스라엘 전체에 번영도 가져다주었습니다.

"솔로몬이 다스리는 동안 단부터 브엘세바에 이르기까지 이스라엘의 모든 사람은 포도나무와 무화과나무 아래서 평화를 누리며 살았다."

진정한 삶의 행복을 위해서는 단기적인 이익이나 즉각적인 만족 대신 장기적인 안목과 깊은 통찰력을 키우는 것이 중요합니다. 나이가 들면 충분한 경험과 더불어 새로운 도전을 할 수 있는 에너지도 갖게 됩니다. 이때 우리가 키워야 할 것은 바로 '격'입니다. 단순히 스펙이나 성과가 아닌 판단력과 통찰력, 그리고 우리가 추구하는 올바른 가치가 인생을 차별화하는 진정한 경쟁력이 될 것입니다.

—

더 넓고 깊은 안목을 기르세요

지혜와 분별력을 높여줄 수 있는 새로운 지식과 경험을 지속적으로 배우세요. 그리고 우리의 행동이 진정한 가치와 일치하는지 정기적으로 가치관을 점검하세요. 그렇게 되면 더 깊고 단단한 안목으로 가장 중요한 일에 집중할 수 있게 됩니다.

36

젊음과 늙음에는
서로 다른 가치가 있다

젊은이의 자랑은 힘이요, 노인의 영광은 백발이다.

잠언 20장 29절

백발은 영화로운 면류관이니, 의로운 길을 걸어야 그것
을 얻는다.

잠언 16장 31절

여호수아는 가나안 땅 입성 후 이스라엘 자손의 지파

들에게 땅을 분배하기 시작한다. 그때 유다 자손 중 갈렙이 여호수아에게 나아와 말한다. "내 나이 사십 세에 여호와의 종 모세가 가데스 바네아에서 나를 보내어 이 땅을 정탐하게 하였으므로 내가 성실한 마음으로 그에게 보고하였고 하나님 여호와께 충성하였은즉 '네 발로 밟는 땅은 영원히 너와 네 자손의 기업이 되리라' 하였나이다. 오늘 내가 팔십오 세로되 모세가 나를 보내던 날과 같이 오늘도 내가 여전히 강건하니 내 힘이 그때나 지금이나 같아서 싸움에나 출입에 감당할 수 있으니 그날에 여호와께서 말씀하신 이 산지를 지금 내게 주소서. 당신도 그날에 들으셨거니와 그곳에는 아낙 사람이 있고 그 성읍들은 크고 견고할지라도 여호와께서 나와 함께하시면 내가 여호와께서 말씀하신 대로 그들을 쫓아내리이다 하니 여호수아가 여분네의 아들 갈렙을 위하여 축복하고 헤브론을 그에게 주어 기업을 삼게 하매 헤브론이 그니스 사람 여분네의 아들 갈렙의 기업이 되어 오늘까지 이르렀고 그 땅에 전쟁이 그쳤더라."

여호수아 14장 6~15절

한 사람의 인생에서 40대는 특별한 의미를 지닙니다. 젊음의 활력이 아직 남아 있으면서도 경험의 지혜가 쌓이기 시작하는 시기이기 때문이죠. 동시에 많은 도전과 고민이 찾아오는 때이기도 합니다. 자신의 위치에 대한 불안, 새로운 세대와의 경쟁 속에서 존재감을 잃어가는 느낌. 이런 경험들은 40대에게 낯설지 않습니다. 그러한 우리들에게 성경 속 갈렙은 자신의 이야기를 들어보라 외치는 듯합니다.

"내 나이 사십 세에 여호와의 종 모세가 가데스 바네아에서 나를 보내어 이 땅을 정탐하게 하였으므로… 오늘 내가 팔십오 세로되 모세가 나를 보내던 날과 같이 오늘도 내가 여전히 강건하니 내 힘이 그때나 지금이나 같아서 싸움에나 출입에 감당할 수 있으니…."

갈렙은 40세 되던 해 지도자로 부름받아 가나안 땅을 정탐하는 역할을 맡았고 이후 45년간 가나안 땅 정복 전쟁을 이어왔습니다. 그리고 모든 사람이 꺼리는 땅을

자신이 맡아 정복하겠노라고 자원하였습니다. 그는 85
세였음에도 새로운 도전을 두려워하지 않았습니다. 육
체적 나이와 상관없이, 그의 정신은 여전히 젊고 강건했
기 때문입니다.

우리가 40대든 50대든 오늘이라는 시간은 새로운
시작을 꿈꾸기에 결코 늦은 때가 아님을 알아야 합니다.
무조건적으로 변화를 추구하라는 말이 아닙니다. 중요
한 것은 우리의 내면에서 일어나는 변화와 도전에 대한
열정입니다. 자신의 분야에서 계속 일하더라도, 충분히
새로운 관점과 접근 방식을 가질 수 있습니다. 지난날의
경험을 바탕으로, 그리고 우리만의 특별한 통찰력을 활
용하여 차별화된 가치를 만들어낼 수 있습니다. 젊음의
힘과 연륜의 지혜, 이 두 가지를 모두 가진 40대. 우리는
이 독특한 시간의 가치를 활용할 수 있어야 합니다.

레이 크록은 50년간 영업 분야에서 일했습니다. 그
는 53세에 새로운 도전을 시작하여 맥도날드를 글로벌

패스트푸드 체인으로 확장시켰습니다. 베라 왕은 피겨 스케이팅 선수로 활동했지만 40세에 웨딩 드레스 디자이너로 전향하여 세계적인 패션 브랜드를 설립했습니다. 할란 샌더스는 여러 직업을 전전하다 65세에 KFC를 설립하여 글로벌 프랜차이즈로 성장시켰습니다. 줄리아 차일드는 정보 분석가와 광고 분야에서 오랫동안 일했지만 50세에 요리사로 전향하여 미국 요리계의 아이콘이 되었습니다. 그랜마 모지스는 70년간 농부의 아내로 생활하다가 76세에 화가로 전향하여 유명한 미국 민속화가가 되었습니다. 코미디언 송해는 1988년부터 2022년, 95세까지 약 34년간 KBS〈전국노래자랑〉의 MC로 활동하며 국민적인 사랑을 받았습니다. 놀라운 것은 그가 이 프로그램을 맡아 진행을 시작한 때가 60대라는 사실입니다.

40대는 우리 인생의 새로운 장을 열 수 있는 기회의 시간입니다. 지금이야말로 우리의 꿈을 향해 한 걸음 더 나아갈 때입니다. 당신만의 독특한 가치를 만들어내고,

여유로움을 발판 삼아 더 나은 미래를 향해 나아가세요. 당신의 40대가 인생에서 가장 풍요롭고 의미 있는 시기가 되기를 희망합니다.

—

나이에 갇히지 마세요

젊은 세대를 멘토링하면서 동시에 선배들로부터 조언을 구하세요. 새로운 기술을 배우거나 관심 분야의 최신 트렌드를 익히는 데 좋은 기회가 될 것입니다.

37

떠날 때는 풍족했지만
돌아올 때는 빈손인 순간이 있다

그들이 그곳에 도착했을 때 온 성이 떠들썩하며 그곳
여자들이 "정말 이 사람이 나오미냐?" 하고 물었다. 그
러나 나오미는 그들에게 이렇게 대답하였다. "나를 나
오미라 부르지 말고 '마라'라고 불러주시오. 이것은 전
능하신 하나님이 나에게 괴로운 시련을 많이 주셨기 때
문입니다. 내가 이곳을 떠날 때는 가진 것이 많았으나
여호와께서는 나를 빈손으로 돌아오게 하셨습니다. 여
호와께서 나를 버리시고 나에게 괴로움을 주셨으니 어

떻게 당신들이 나를 나오미라고 부를 수 있겠습니까?"
이렇게 해서 나오미는 모압 땅에서 자기 며느리 룻을
데리고 고향 베들레헴으로 돌아왔다. 때는 보리 추수가
막 시작될 무렵이었다.

룻기 1장 19~22절

인생은 마치 롤러코스터와 같습니다. 하늘 높이 올라가다가도 순식간에 아래로 떨어질 수 있습니다. 성공의 정점에 있다고 생각한 순간, 갑작스러운 실패로 모든 것을 잃는 경험은 누구도 원하지 않을 겁니다. 하지만 정도에 차이가 있을 뿐 이런 상황은 누구에게나 찾아올 수 있습니다. 그리고 그 순간을 어떻게 대처하느냐가 우리의 미래를 결정짓습니다.

실패를 맞이했을 때, 우리는 종종 절망에 빠지곤 합니다. 그 순간 모든 것을 잃은 것 같은 느낌에 압도될 수 있습니다. 자신감은 무너지고, 미래에 대한 불안감이 엄습해 옵니다. 이런 감정들은 자연스러운 반응이지만 여기에 머물러서는 안 됩니다.

　사람들은 자기계발서를 보고 "또 뻔한 얘기한다!"
며 불평합니다. 그런데 성공한 사람과 실패한 사람의 가
장 큰 차이는 그 '뻔한 이야기'를 자신의 삶에 실천했느
냐 그렇게 하지 않았느냐에서 결정됩니다. 우리가 뻔하
다 생각하는 이야기가 왜 그토록 수많은 책에서, 수많은
사람들을 통해 강조되고 있는 것일까요? 그것이 성공에,
문제해결에 중요한 요소이기 때문입니다.

　예상치 못한 실패도 마찬가지입니다. 실패는 새로운
시작을 위한 기회가 될 수 있습니다. 진부한 이야기라
말하지 마십시오. 우리가 아는 많은 인물들이 큰 실패를
겪은 후 재기에 성공했습니다.

　스티브 잡스는 자신이 설립한 회사에서 쫓겨나는 굴
욕을 겪었지만, 그 시간 동안 새로운 기술과 비전을 발
전시켰습니다. 그는 결국 애플로 돌아와 회사를 혁신하

고 세계적인 기업으로 성장시켰습니다. 월트 디즈니는 여러 번의 파산과 실패를 겪었지만, 포기하지 않고 계속해서 도전했습니다. 그의 끈기와 창의성은 결국 전 세계인들에게 사랑받는 엔터테인먼트 제국을 만들어냈습니다. 현대그룹의 창업주이자 초대 회장을 지낸 정주영 회장도 여러 번의 사업 실패를 겪었습니다. 그는 실패를 디딤돌 삼아 다시 일어서기를 반복했습니다. 그의 불굴의 의지와 도전 정신은 현대그룹을 세계적인 기업으로 성장시켰고, 한국 경제 발전의 상징이 되었습니다.

이들의 공통점은 실패에 굴하지 않고 새로운 시작을 위해 노력했다는 것입니다. 그들은 실패를 끝이 아닌 새로운 시작으로 받아들였고, 그 과정에서 더 강해졌습니다. 그들의 끈기와 열정, 그리고 학습하는 자세가 결국 큰 성공을 이루어낸 것이지요.

우리 모두의 인생에는 실패와 좌절의 순간이 있습니다. 하지만 실패가 여정의 끝이 아님을 기억해야 합니다. 실패는 우리에게 새로운 시각을 제공합니다. 그동안 보지 못했던 자신의 모습을 발견하고, 새로운 가능성을 탐색할 수 있는 기회가 됩니다. 우리가 실패를 받아들이고, 실패로부터 배우고, 새로운 방향을 모색하며 다시 일어설 용기만 있다면 어떤 역경도 극복할 수 있을 것입니다.

여러분의 다음 실패가 가장 큰 성공의 시작이 될 수 있음을 믿고 오늘 그 일을 위한 작은 발걸음을 옮겨보시기 바랍니다.

—

실패를 두려워하지 마세요

실패했다고 주저앉거나 좌절하지 마세요. 실패의 원인을 냉정하게 분석하고 그 안에서 교훈을 얻어야 합니다. 과거에 얽매이지 말고 더 나은 내일로 힘차게 나아가세요.

38

준비된 강점,
나의 물맷돌로 승부하기

이스라엘은 블레셋과의 전쟁 중 적의 장수 골리앗으로 인해 어려움을 겪고 있었다. 그때 다윗이 그와의 싸움을 자처한다. 다윗은 이스라엘 왕 사울이 입혀준 전투복장을 벗고 목동으로 일하며 들짐승을 상대하던 물매 막대와 시내에서 매끄러운 돌 다섯을 골라 준비하고 블레셋 장수 골리앗 앞으로 나아갔다. 골리앗은 그 모습을 보고 다윗을 비웃으며 저주했다. "네가 나를 개로 여기고 막대기를 가지고 내게 나아왔느냐? 오라! 내가

네 살을 공중의 새들과 들짐승들에게 주리라.'' 그때 다
윗은 골리앗에게 답했다. "너는 칼과 창과 단창으로 내
게 나아오거니와 나는 만군의 여호와 하나님의 이름으
로 네게 나아가노라. 전쟁은 여호와께 속한 것인즉 그
가 너희를 우리 손에 넘기시리라.''

다윗은 신앙심에서 비롯된 자신감만 가지고 싸움에 나
가지 않았다. 골리앗이 다가올 때 그를 향하여 빨리 달
리며 돌을 가지고 물매로 던져 골리앗의 이마를 치매
돌이 그의 이마에 박히니 땅에 엎드러졌다. 다윗은 즉
시 달려가 골리앗을 밟고 그의 칼을 그 칼집에서 빼내
어 그 칼로 그를 죽이고 그의 머리를 베어버린다. 블레
셋 사람들은 자기 용사의 죽음을 보고 도망했다.

사무엘상 17장 38~51절

삶은 종종 예상치 못한 도전을 우리 앞에 던집니다.
그 도전은 때로는 거대하고 압도적으로 보일 수 있습니
다. 이러한 도전들은 우리의 한계를 시험하며 좌절을 안
기기도 합니다. 거대한 장애물 앞에서 우리는 포기하고

싶은 유혹을 느끼게 됩니다. 그러나 이런 순간에 우리의 숨겨진 잠재력이 빛을 발하곤 합니다. 이때 중요한 것은 우리가 가지고 있는 강점이 무엇인지를 알아차리고, 적절하게 활용하는 것입니다.

작은 돌이 거대한 골리앗을 무너뜨린다

이스라엘과 블레셋의 전쟁에서 모든 사람이 두려워했던 골리앗이라는 거인이 있었습니다. 그의 힘과 무기는 누구도 감히 도전할 수 없을 만큼 강력했습니다. 그러나 다윗은 목동으로 일하며 쌓아온 경험, 즉 물매와 돌을 사용하는 능력을 믿고 그 거대한 적 앞에 섰습니다. 누가 봐도 무모한 도전이었습니다. 이스라엘의 장수들도 나서기를 꺼렸던 것은 수많은 도전이 실패로 끝나는 것을 지켜보았기 때문입니다. 그런데 전쟁 중인 형들을 응원하러 왔던 다윗이 골리앗과 싸운다니요? 말도 안되는 일이 눈앞에서 벌어지고 있었습니다.

그런데 다윗의 작은 체구와 단순한 무기는 오히려 유리하게 작용했습니다. 그에게는 내적 자신감이 있었습니다. 민첩성과 정확성은 도리어 무거운 갑옷을 입은 골리앗에게 치명적인 약점이 되었습니다. 다윗은 골리앗이 비웃는 가운데서도 두려움 없이 나아갔고, 자신이 가진 최고의 무기를 활용하여 승리했습니다.

준비된 강점

다윗의 승리는 우연이 아니었습니다. 그는 자신이 가진 강점을 철저히 준비하고, 적절한 순간에 발휘했습니다. 우리가 가진 독특한 특성이나 경험, 보잘것없어 보이는 능력도 특정 상황에서는 강력한 무기가 될 수 있음을 알아야 합니다.

우리의 삶에서 '골리앗'은 다양한 형태로 나타날 수 있습니다. 어려운 프로젝트일 수도 있고, 가정 내의 불화일 수도 있습니다. 이러한 도전 앞에서 우리는 종종 자신의 능력을 의심하고 주저하게 됩니다. 그때 지금까지 내 안에 준비되어 온 강점을 살펴보는 기회를 가지시기 바랍니다. 우리가 가진 고유한 재능과 경험, 그리고 열정은 우리의 '물맷돌'이 될 수 있습니다.

준비된 강점으로 승부를 걸 때, 우리는 예상치 못한 결과를 얻을 수 있습니다. 이는 단순히 성공을 위한 전략이 아니라, 우리 자신을 진정으로 이해하고 발전시키는 과정입니다. 각자의 독특한 강점을 발견하고 키워나갈 때, 우리는 더 풍요롭고 의미 있는 삶을 살 수 있습니다.

—

강점을 믿으세요

내가 즐겁게 하는 일, 쉽게 해내는 일을 주의 깊게 관찰하세요. 그리고 기회가 왔을 때 주저하지 말고 도전하세요.

39

꿈은 보호되어야 한다

모든 지킬 만한 것 중에 더욱 네 마음을 지키라. 생명의 근원이 이에서 남이니라.

잠언 4장 23절

어떤 길은 사람이 보기에 바르나 필경은 사망의 길이니라.

잠언 14장 12절

충고를 듣고 훈계를 받아들여라. 그러면 마침내 지혜롭

게 되리라.

잠언 19장 20절

꿈은 삶의 방향을 제시하고 의미를 부여해 줍니다. 작은 목표일 수도 있고, 때로는 세상을 변화시킬 만큼 큰 비전일 수도 있습니다. 그 꿈들은 크기와 상관없이 우리를 앞으로 나아가게 하는 원동력이 되어줍니다.

그러나 꿈을 향해 나아가는 여정은 결코 쉽지 않습니다. 꿈이 크면 클수록 그것을 향해 나아가는 과정 속에 많은 시련이 뒤따르게 됩니다. 누군가는 그 모든 아픔을 겪어내고 꿈을 이루지만 대부분의 사람들은 그 과정 속에서 실패를 경험합니다. 실수와 실패는 있을 수밖에 없습니다. 문제는 많은 사람들이 실수를 과정으로 받아들이지 않고 꿈을 포기한다는 데 있습니다.

우리의 꿈은 보호되어야 합니다. 꿈은 누구에게나 가치 있고 소중한 것이기에 더욱 그렇습니다. 꿈을 보호

한다는 것은 열정을 유지하는 것 이상을 의미합니다. 그것은 우리의 꿈을 방해하는 요소들로부터 우리 자신을 지키는 것을 포함합니다. 마치 운전할 때 방어 운전을 하는 것과 비슷합니다. 우리는 자신의 행동뿐만 아니라 주변 환경을 잘 만들어가는 일에도 주의를 기울여야 합니다.

잠언 14장 12절은 "어떤 길은 사람이 보기에 바르나 필경은 사망의 길이니라"고 경고합니다. 우리가 추구하는 꿈과 그 꿈을 향한 길이 항상 올바르지 않을 수 있다는 이야기입니다. 때로는 우리가 옳다고 믿는 길이 실제로는 우리를 잘못된 방향으로 이끌 수 있습니다. 우리의 꿈과 그것을 추구하는 방법은 지속적으로 점검하고 평가해야 합니다.

꿈을 보호하기 위해서는 주변에서 들려주는 지혜로운 조언에 귀를 기울여야 합니다. 잠언 19장 20절은 이렇게 강조합니다.

"충고를 듣고 훈계를 받아들여라. 그러면 마침내 지혜롭게 되리라."

충고와 훈계, 지혜로운 조언은 우리가 잘못된 길로 빠지는 것을 막고, 우리의 꿈을 더욱 견고하게 만들어주는 하나님의 손길입니다. 우리는 의미 있는 조언과 악의적인 비판을 구별하는 지혜를 가져야 합니다.

꿈을 보호하는 데 있어 가장 중요한 요소 중 하나는 우리를 둘러싼 환경입니다. 목표 달성은 의지만으로 이루어낼 수 없습니다. 꿈을 지지해 주는 환경이 필요합니다. 매일 배우고 익히는 학습 환경을 가져야 합니다. 변화하는 세상에 끌려다니지 않고 주도적으로 선택하기 위해서입니다. 목표와 가치관을 공유하는 사람들과 함께하는 것도 중요합니다. 그들의 지지와 격려는 우리가 어려움을 극복하고 꿈을 향해 계속 나아갈 수 있게 도와주기 때문입니다.

외로움이 아니라 홀로 선다는 것

꿈을 위해 '외로움'을 감수해야 할 때도 있습니다. 모든 사람이 우리의 꿈을 이해하거나 지지하지는 않을 것입니다. 때로는 꿈을 이루기 위해 관계를 단절하고 홀로 견디는 시간이 필요할 수도 있습니다. 이는 쉽지 않은 선택이지만, 우리의 꿈을 지키기 위해 필요한 과정입니다.

외로움은 관계에서 멀어질 때 찾아들곤 합니다. 대중에 파묻혀 살아가도 외로움에 빠질 수 있습니다. 사람들과 함께 어울리는 것은 소중한 일이지만 관계를 든든히 세우기 위해 스스로 혼자 있는 시간을 마련하는 것도 매우 용기 있는 선택입니다.

외로움에 힘들어하기보다 홀로 있음을 선택하십시오. 아무런 방해가 없는 곳에서 자신을 성찰하는 시간을 정기적으로 가지시기를 권합니다. 외로움에서 홀로 있음으로 나아가는 일에 두려움 없이 맞설 수 있다면 어려운 환경 속에서도 꿈을 지키고 이루어갈 수 있을 것입니다.

자신을 믿으십시오

마지막으로 꿈을 보호하기 위해 스스로를 믿어야 합니다. 우리는 종종 자신의 능력을 의심하거나 실패를 과도하게 두려워합니다. 누구나 부족할 수 있습니다. 완벽한 사람은 어디에도 없습니다. 그러나 그러한 자신을 받아들이고 그 부족함을 채워가기 위해 힘쓰고 노력하는 자신을 신뢰해야 합니다. 스스로에 대한 의심을 거두고 당당하게 도전하세요. 자신을 믿고 전진하는 사람에게만 성공이라는 선물이 찾아옵니다.

성경은 이야기합니다. "모든 지킬 만한 것 중에 더욱 네 마음을 지키라. 생명의 근원이 이에서 남이니라." 자신의 마음을 지키고 부족한 가운데서도 스스로를 믿고 나아가는 이들에게 실패는 과정일 뿐, 마지막 결과가 아닙니다.

—

우선순위를 정하세요

꿈을 향한 진전을 만들어내는 활동에 우선순위를 두세요. 불필요한 방해 요소를 제거하고 나의 꿈이 정말 옳은 방향으로 가고 있는지 주기적으로 확인하세요.

40

인생의 주인공은
바로 당신입니다

우리를 도와줄 사람을 눈이 빠지도록 기다렸으나 허사였다. 우리를 구해주지도 못할 나라를, 우리는 헛되이 바라보고만 있었다.

예레미야 애가 4장 17절

인생은 복잡계의 세상입니다. 복잡하고 도전적이며, 우리의 통제를 벗어나는 것처럼 느껴지는 순간들이 아주 많습니다. 이러한 어려움을 마주한 이들의 선택은 다양합니다. 당황하거나 흔들리지 않고 문제를 하나씩 풀어가기도 하지만 대부분의 사람들이 도와줄 사람이나 해결책을 외부에서 찾으려 합니다.

구약성경 예레미야 애가에서 선지자 예레미야는 유다 왕국의 멸망을 지켜보며 깊은 슬픔에 잠겼습니다. 예레미야는 이 비극의 원인을 명확히 지적합니다.

"우리를 도와줄 사람을 눈이 빠지도록 기다렸으나 허사였다. 우리를 구해주지도 못할 나라를, 우리는 헛되이 바라보고만 있었다."

그들은 자신들의 신앙과 원칙을 저버리고 외부의 도움에만 의존했습니다. 하나님을 믿는 사람으로서의 주체성을 잃고, 신앙적 삶의 기준에서 벗어난 기대와 선택을 반복했습니다. 그 결과 왕국은 멸망했고, 백성들은 포로로 잡혀갔으며, 민족의 뿌리가 송두리째 뽑히는 비극을 맞이했습니다.

우리는 합리적으로 사고하는 듯하지만 사실 자신을 합리화하는 데 더 능숙합니다. 타인에게는 엄격한 잣대를 들이대면서도 자기 자신에게는 너그러운 태도로 대하는 경향이 있습니다. 그러나 자기 관리는 정반대의 태도로 임해야 합니다. 스스로 관리하고 통제하는 일에 무거운 책임감을 가져야 합니다. 자신의 삶에 대해 책임감을 갖고 임하지 않을 때, 우리는 쉽게 타인의 도움이나 명령에 의존하게 되고, 그 도움이나 제지가 사라지면 흐트러진 삶을 살게 되기 쉽습니다.

우리가 일상에서 맞닥뜨리는 어려움과 도전에서 벗어나기 위해서는 먼저 우리의 삶을 주체적으로 이끌어야 합니다. 삶의 기준과 목표를 스스로 점검하고 재설정하며, 그것을 지키기 위한 노력에 힘써야 합니다.

사회가 정한 기준이나 타인의 시선에 휘둘려 자신의 고유한 가치와 목표를 잃어버린 사람들을 종종 목격합니다. 올림픽에서 메달을 따고도 1등을 하지 못했다며 국민들에게 고개를 숙이는 선수들의 모습은 씁쓸하게 느껴질 정도입니다. 세계 최고 수준의 성과를 이룬 그들이지만, 1등만을 중요시하는 사회적 분위기 때문에 자신을 평가절하하게 된 것이지요.

성공과 행복의 기준을 외부에 두고 살아갈 때 이런 일은 누구에게나 쉽게 일어납니다. 진정한 성공과 행복은 외부에서 비롯되지 않습니다. 한 사람의 인생은 다른 사람의 기준으로 평가될 수 없습니다. 인생의 성공과 실패는 오직 자신에게 달려 있습니다. 다른 사람의 기준이나 사회의 압박에 휘둘리지 말고, 자신의 가치관과 목표에 따라 살아가야 합니다. 다만 그 과정에서 끊임없이 지나온 길을 돌아보며, 삶의 기준을 다잡는 시간을 마련해야 합니다.

여러분의 삶에서 주체가 누구인지 다시 한번 생각해 보십시오. 삶의 방향을 타인의 시선이 아니라 자신에게 맞추기 위해 힘써야 합니다. 여러분 모두가 자신의 삶의 주인공으로 의미 있고 풍요로운 삶을 살아가시길 바랍니다. 우리에게 주어진 삶의 여정을, 나만의 방식으로, 나만의 속도로 걸어가시기 바랍니다. 비록 남보다 조금 늦을지라도 나만의 고유함이 무엇인지 찾아 살피고, 그것을 지키며 살아가기로 다짐하십시오. 그것이 진정한 성공과 행복으로 가는 길입니다.

—

나를 찾으세요

타인의 도움에 의존하지 말고, 스스로 자신의 삶을 관리하고 통제하는 습관을 기르세요. 타인이 아닌, 자신만의 고유한 가치와 목표를 설정하고 그것에 집중하세요.

인생의 정답은
회피 너머에 있습니다

할 수 있거든이 무슨 말이냐.

믿는 자에게는 능히 하지 못할 일이 없느니라.

마가복음 9장 23절

지혜의 여정을 시작했던 그날을 기억하십니까? 성
경의 내용을 살피며 때로는 불편한 진실과 마주해야 할
때도 있었습니다. 우리의 한계를 인정해야 하는 자리가
고통스러웠을 수도 있습니다. 그러나 이 과정을 통해 우리는 더 강해졌고, 어떤 상황에서도 앞으로 나아갈 수 있는 힘을 얻었을 것입니다. 이제 우리는 그 여정의 끝에 서 있습니다. 하지만 이 끝은 또 다른 시작입니다. 새로운 시작을 위해 지금 우리에게 필요한 것은 바로 '믿음'입니다.

지혜가 우리에게 길을 보여주었다면, 믿음은 그 길을 걸어갈 힘을 줍니다.

지혜가 우리에게 선택을 가르쳤다면, 믿음은 그 선택을 실천할 용기를 줍니다.

지혜가 우리에게 세상을 이해하게 했다면, 믿음은 그 세상을 변화시킬 수 있다고 말합니다.

성경의 믿음은 종교적 개념을 넘어섭니다. 그것은 우리의 일상에 적용될 수 있는 실제적인 힘입니다. 성경은 우리에게 자신을 믿고, 타인을 믿으며, 더 나아가 보이지 않는 것을 믿을 수 있는 용기를 가르쳐줍니다. 믿음은 두려움을 극복하게 하고, 불가능해 보이는 꿈을 향해 나아가게 합니다. 작은 믿음이 큰 산을 옮길 수 있다고 성경은 말합니다.

당신은 지금 어떤 모습으로 서 있습니까?
과거의 실패에 발목 잡혀 있습니까?
현재의 어려움에 좌절하고 있습니까?
미래의 불확실성에 두려워하고 있습니까?

이제 자신을 향한 믿음으로 한 걸음 내딛을 때입니다. 어떤 시련이 찾아와도 도망치거나 숨는 대신 당당히 맞서야 합니다. 실패는 성공의 밑거름이 되고 어려움은 우리를 단련시킬 것입니다. 기억하세요. 불확실성은 새로운 가능성의 문을 여는 소중한 기회입니다. 이제 여러분의 믿음이 불가능을 가능으로, 절망을 희망으로, 약함을 강함으로 바꿀 것입니다.

이 책의 마지막에 다다른 여러분은 더 이상 도망치지 않을 것입니다. 어려움을 외면하고 내 안의 믿음을 의심했던 날들에서 벗어나게 될 것입니다. 이제 도망이 아닌 직면하는 삶의 첫 페이지를 열어보세요. 여러분이 도망치려 했던 그곳에 변화와 성장이 기다리고 있을 것입니다.

도망친 곳에 절대 천국은 없습니다

초판 1쇄 인쇄 2025년 5월 19일
초판 1쇄 발행 2025년 5월 28일

지은이 장대은
펴낸이 한보라

편집 임나리 **경영관리** 권송이 **디자인** 봄바람

펴낸곳 퍼스트펭귄 **출판등록** 2023년 7월 21일 제 2024-000025호
전화 070)8866-7990 **팩스** 031)8057-7990
이메일 1stpenguin@1stpenguin.be
종이 (주)월드페이퍼 **출력·인쇄·후가공·제본** 더블비

ISBN 979-11-990403-5-9 (03190)